U0127945

贛文化通典

——詩詞卷　第三冊

目錄

第一編　晉唐江西詩歌

第一章｜晉代江西詩歌

第二章｜盛唐江西詩歌

第三章 | 中晚唐江西詩歌

第四章 | 唐代江西女性詩詞

第二編　宋元江西詩詞（上）

第一章 | 贛東詩詞

第二章 | 贛中詩詞

第三編　宋元江西詩詞（下）

第四編　明代江西詩詞

第五編　清代近代江西詩詞

第四編　明代江西詩詞

———

　　江西詩詞，興起於晉、唐，及宋而達鼎盛，元雖疲弱但餘勢
猶存，故明初得以中興。有明一代三百年，江西文學由盛轉衰，
復由衰轉盛，再由盛轉衰，幾多沉浮，無論是「歷時性」發展，
還是「地域性」分布，都值得我們對其深入進行研究。

　　明洪武前夕至建文朝，明代江西詩歌以劉崧開創的「江右詩
派」為代表，與同時的其他四個詩派相比，因迎合時勢需要而獨
領風騷。江右詩人溫厚醇雅的人品與文品，既適應了明初高壓統
治的需要，也造就了溫雅醇正的詩風，為此後「臺閣體」的產生
作了鋪墊與積累。在由元入明的作家中，大致有兩類：一類是元
末遺老，一類是明初諸家。前者如張昱、危素等，為江西文學揭
幕；後者如劉崧、陳謨、吳伯宗等，為江西文學或開宗立派，或
導夫先路，樹立典範。他們共同成為明代江西文學繼往開來的領
路人。

　　明永樂至成化朝，在文壇占主導地位的是「臺閣體」。作為
盟主，「三楊」之首的楊士奇繼承江西先賢的文學傳統，開創了
平正典雅、雍容醇厚的詩文風氣，影響明代文學達百年之久。在
臺閣體作家中，江西籍占大多數，故有人把明代臺閣體看成是江
西的文學流派。臺閣體雖然有缺點，但不宜全盤否定。

　　明弘治至正德朝，江西文學呈現較明顯的衰落之勢。此時占
主流的作家群主要有茶陵詩派和以復古為號召的「前七子」，其
中很少或幾乎看不見江西籍作家的身影。江西籍作家主要活躍於
理學領域，他們以理學名家，且成就卓著，故江西素有「理學之
邦」的美譽，而作為作家的他們卻不能成為主流。

　　嘉靖至泰昌朝，江西文壇特別昌盛。有詩文集傳世的作家較

多（近 50 位），而且大多兼以理學名家。文學巨匠湯顯祖的出現，為江西文壇再鑄輝煌，故稱此時為明代江西文學的中興時期。湯顯祖以他「情至」的文學理論和宏富的詩文創作實踐，對明後期詩文的反覆古運動起了積極的推動作用。同時，他創作的以「臨川四夢」為代表的傳奇（即戲曲），代表了明代傳奇的最高水平，奠定了他在明代乃至整個古代戲曲史上的崇高地位。

天啟、崇禎及明清之際，作家數量也不少，猶如夏夜的流星劃過天空，雖然美麗但略嫌短暫。此時的詩歌成就不高，但因一批殉國作家和遺民作家的湧現，給即將謝幕的江西文學增添了一抹亮色，其高尚品格與浩然正氣，給人留下深刻的印象。

從「地域性」角度看，江西作家的分布與文學的盛衰呈現出明顯的不平衡態勢。明代江西有文集存世的作家共 186 人，分布在十三個府的不同縣。按府來分，吉安府 59 人，占總數的 31.7%，居第一位；南昌府 32 人，占總數的 17.2%，居第二名；撫州府 28 人，占總數的 15.1%，居第三名；饒州府與建昌府均為 13 人，占總數的 7%，並列第四名；廣信府 12 人，占總數的 6.5%，居第六名；臨江府與贛州府均為 7 人，占總數的 3.8%，並列第七名；九江府 6 人，占總數的 3.2%，居第九名；瑞州府 4 人，占總數的 2.2%，居第十名；袁州府 3 人，占總數的 1.6%，居第十一名；南安府與南康府均為 1 人，占總數的 0.5%，並列第十二名，亦即倒數第一。雖然沒有對明代江西作家 1061 人的區域分布情況作數理分析，但由此可見一斑。

吉安、南昌、撫州三個府占據明代江西作家的半壁江山，尤其是吉安府，是明代江西文學的重鎮。明初「江右詩派」的開山

祖劉崧與「臺閣體」的盟主楊士奇，就是其中最傑出的代表。沒有他們，明代江西文學便會黯然失色。南昌，歷來為省城之地，有得天獨厚的區位優勢，詩歌成就處全省之前列，自然在情理之中。撫州，承先達鄉賢之餘烈，故詩歌能保持較高水平。尤其是湯顯祖和「臨川四家」中的艾南英，代表了明後期江西文學的最高成就。如果把明代江西文學分為兩段的話，那麼，前期由吉安府作家占盡風流，後期則由撫州府（即臨川）作家領軍。前後交相輝映，共同演繹明代江西詩歌。

元末明初江西詩詞

　　江西文學肇始於晉、唐，興盛於宋、元，衰於明、清。宋代是江西文學最為鼎盛的時期，不僅詩詞文作家多，而且成就特別突出：散文方面，宋代六大散文家中江西占有三位；詩歌方面，黃庭堅所開創的「江西詩派」及其餘脈影響詩壇前後達二百年之久；詞方面，晏殊、歐陽修、姜夔等，也是名家輩出。元代，江西文學在全國來說，依然占優勢，「元詩四大家」除楊載外，其餘三位都是江西籍。正因為如此，使由元入明時期的江西文學仍然有輝煌後的餘暉，甚至在明初及前期還主導過文壇風氣。

　　在由元入明的作家中，大致有兩類：一類是元末遺老，一類是明初諸家。

　　元末遺老作家如張昱、危素、梁寅、陳謨、劉炳、劉宗弼、王沂、王佑、劉秩、周伯琦、羅復仁、於立、熊夢祥、涂穎、胡行簡、吳彭、曾魯、黃肅、余詮、朱夢炎、張率等，他們大多在元末取得功名或出仕，而且在洪武辭世，所以成為明代江西文學的揭幕人，在元明易代之際的文壇起著承前啟後的過渡作用。他們生活及創作的時期大部分在元末，在明代只有三四年或十餘年的歲月，所以他們的創作明顯帶有前代文學的特色。元末亂世的

悲慘景象及兵禍給百姓帶來的巨大災難與痛苦，都或多或少地在他們的作品中有反映。詩風或慷慨激昂，或沉鬱悲壯，一改此前或淒豔或清麗的風格。入明後，他們的詩歌或奉和酬贈，或寄情山水，詩風漸趨平易、平淡。在這群耆老中，有元末即棄官不出的張昱，詩風蒼莽雄肆；有貫通經史的大儒，如危素、梁寅、陳謨等，或為著名的史學家，以詩文並重而名家，或為著名的理學家，為江西日後成為儒學名區做了深厚的鋪墊，且詩風平正典雅，為後來的「臺閣體」奠基、濫觴；有游走四方的詩僧，如至仁、懷渭、克新、來復等，或不脫世俗，或超然塵外，為元末明初的詩壇增添一道奇異的色彩；有以雄俊詩風並稱的「江西二劉」：劉炳崛起於亂世軍中，詩文類其為人；劉宗弼遁跡山林，詩文體正語圓、自然超逸。「二劉」詩風尚有清新淡逸的共性；有元末即隱遁的王氏兄弟詩人（王佑於洪武三年出仕），王沂詩春容典則、平淡簡遠，王佑詩沉雄雅淡；有長於詩歌的劉秩，詩風高古秀麗；有遷居異鄉的易恆，詩風優柔詳雅，近於陶淵明，代表江西文學與新環境、新因素的結合。

　　劉崧、朱善、龔斆，從年齡及辭世的時間看，本來也屬元末遺老作家，但因為他們在明代重新取得功名並出仕，如劉崧於洪武三年（1370）舉經明行修科，朱善於洪武八年（1375）廷對第一，龔斆於洪武初明經及第，且都走進了明代的政治舞台，故列入明初諸家中。他們比其他明初諸家都要年長二十歲左右，所以成為明初諸家的榜樣與示範人物。劉崧在元末明初的江西詩壇是最重要的作家，他開宗立派，成了「江右詩派」的宗主。儘管「江右詩派」的成員並無確指，但據當時詩壇的情況判斷，大致

包括與劉崧同時或稍晚的江西籍作家，如「江西十才子」「七詩友」（部分人員有交叉）和其他詩人如龔斂、趙壎、吳伯宗、劉永之、梁蘭、張羽、蕭㹠、蕭執、涂幾、鄒矩等，還應包括前面提及的梁寅、陳謨等。其實，「江右詩派」代表的是元末明初江西詩歌流派，自然也就包括這個時期的大部分詩人。它並不是有組織、有綱領的詩歌派別。但因為元末明初江西詩人的詩歌無形中形成一種共同的「平正典雅」特色，故被目為「江右詩派」。

明初江西諸家中，劉崧最能代表地域文學的特色與成就。劉崧的詩歌可分三個階段：元末兵亂前，多作閨音，故詩風淒豔；兵亂中，多寫民生之多艱，故詩風沉鬱悲涼；洪武三年及第後，多頌揚之聲，故詩風平正典雅；而在因忤胡惟庸而被罷黜的幾年中，又多放情山水和憂時感世之作，得江山之助，詩境渾然。劉崧代表的「江右詩派」平正典雅的詩風對後來的「臺閣體」有較直接的影響。

還有值得一提的羽士作家張宇初，作為道人，卻貫通儒家經、史，故被稱為「列仙之儒」。詩風沖邃幽遠。他以自己的創作實力與特色立於元末明初的文壇，在道流作家因無實際成就而不被注意的背景下，他顯得尤為突出。他與其他方外作家一起，為此時的江西文壇構築了一道奇異的風景線。

此外，建文朝有一批「死節」作家，如練子寧、周是修、黃子澄、胡閏等，他們都是伴隨明王朝一起成長起來的，本該歸屬明前期作家，但因為他們都在永樂朝之前提前結束了生命，故按時間斷限劃分，放在此處述及。除周是修自縊盡節外，其他三位都遭酷刑而死，且遭幾近滅門之災，面對強權勢力仍然不改其

節，凜然赴死，幾百載之下，仍令人感奮。他們的詩文也兀傲不群：其詩或豪放飄逸，或逸情古調、寄托遙深，或構思奇特，或寓哲理於題畫詩中；其文，讓人「望而知為道德之文」。他們的人格魅力與其富有特色的詩文交織而成一道亮麗的風景，為明初江西文壇增光添彩。

在詞方面，這時期的江西詞人不多，只有三位：梁寅、劉炳、張宇初。以《全明詞》[1]粗略統計，梁寅詞四十首，劉炳十九首，張宇初十二首。三人的詞作雖然不多，但他們在元末明初詞壇都占有一席之地。

第一節 ▶ 張昱、危素、張羽

在入明的元末遺老作家中，承上啟下的重要詩人有張昱、危素。

一、明初江西文學的揭幕人——張昱、危素

張昱（1289-1371），字光弼，自號一笑居士，盧陵（今吉安）人。元末左丞楊旺扎勒鎮浙江，張昱參謀軍府，官至左右司員外郎，行樞密院判官。留居西湖壽安坊，以詩酒自娛，貧無以葺廬。元末棄官不仕，張士誠招禮之，不就。明太祖征之至京，

---

1 饒宗頤初纂，張璋總纂：《全明詞》，中華書局，2004 年版，第 30 頁。

召見，憫其老曰「可閒矣」，厚賜遣歸。更號可閒老人，放浪山水，年八十三卒。生平事蹟見《明史》卷二百八十五附《趙撝謙傳》中、《四庫全書總目》卷一百六十八等。

張昱以詩著稱，有詩別集《可閒老人集》四卷，文淵閣《四庫全書》本，楊士奇輯成並為之作序。別本有《張昱詩集》[2]七卷，四部叢刊（續編）本（上海涵芬樓影印常熟瞿氏鐵琴銅劍樓藏明抄本），其文別集未見流傳。

張昱生活在元代由盛轉衰的時期，親歷元末亂世並以其高壽才得以跨入明代一步，時代的巨變也無例外地在他的詩中有所反映，但個人的性格因素使他的詩歌在入明前後沒有明顯的變化。他曾笑稱「我死埋骨湖上，題曰『詩人張員外墓』足矣」，可見其人性情之灑脫。

他的詩淵源自「元詩四大家」之一的虞集，並受其典雅精切中見沉雄老辣詩風（被譽為「漢廷老吏」）的影響，詩風蒼莽雄肆、沈鬱悲涼。從詩歌體裁看，各體皆備。其詩絕大多數為元時所作，故多入《御選宋金元明四朝詩・御選元詩》。《浙江通志》卷二百七十六、卷二百七十八錄其詩十首，《御定佩文齋詠物詩選》錄二十四首，《四庫全書》錄其《可閒老人集》四卷以傳，《列朝詩集》錄六十一首，《明詩紀事》未錄其詩，《明詩綜》選九首。四庫館臣所舉名篇如《五王行春圖》《過歌風台》等都是借詠史來詠懷，借古喻今。前者詠唐明皇寵幸楊氏兄妹史事，後

---

2 《千頃堂書目》作《張光弼詩集》，《四庫全書》本。

者詠漢高祖史事，表達了對世事樂極生悲、盛衰無常的看法。「寧知樂極哀方始，羯鼓未終鼙鼓起」，當初享樂中的唐玄宗又豈能料到。《過歌風台》詩云：

> 世間快意寧有此？亭長還鄉作天子。沛宮不樂復何為？諸母父兄知舊事。酒酣起舞和兒歌，眼中盡是漢山河。韓彭受誅黥布戮，且喜壯士今無多。縱酒極歡留十日，感慨傷懷涕沾臆。萬乘旌旗不自尊，魂魄猶為故鄉惜。從來樂極自生哀，泗水東流不再回。萬歲千秋誰不念，古之帝王安在哉？莓苔石刻今如許，幾度秋風瀰陵雨。漢家社稷四百年，荒台猶是開基處。

歌風台，是劉邦取得天下之後衣錦還鄉時於故鄉所築高台，以其所唱《大風歌》而得名。這首七言古詩刻畫了漢高祖還鄉時的志得意滿之狀及殺戮功臣的醜惡品質，以歌風台淪為「荒台」，風雨籠罩瀰陵，石刻長滿黴苔，反覆詠嘆，抒發了樂極生哀、帝王社稷不可能永恆的歷史感慨，發人深省。明太祖是繼漢高祖之後的又一個貧民天子，「眼中盡是漢山河」，不正是暗喻明太祖奪回漢人山河及志得意滿的情狀嗎？「韓彭受誅黥布戮，且喜壯士今無多」，又與明太祖屠戮功臣何其相似。此詩暗諷明太祖之意恐怕不算牽強。

類似題材的詩歌還有《少年行》（「看取木槿花，朝榮夕已萎」）、《上巳日偕徐大章游智果寺》（「雲物豈殊昔，人世自更遷」）、《白翎雀歌》（「只今蕭條河水邊，宮庭毀盡沙依然」）

等，充滿了物是人非、世事變幻莫測的慨嘆與感傷。可以說，感傷情調彌漫在張昱晚年的某些詩如《惆悵五首》《感事》《白翎雀歌》《如此江山清集同王仲玉陸進之呂世臣作》等篇之中，這大概就是四庫館臣所說的「頹唐」，其實是元末亂世給作者留下的心理印記，也是末世災難留給時代的印記，非獨作者然。故《明詩別裁集》評曰：「悲壯蒼涼，不勝舉目山河之異。新亭雪泣，前後同情。」[3]

此外，張昱不少詩因為真實地記錄了自己在京師的所見所聞，可以補歷史記載之缺失。如《輦下曲一百二首並序》等，具有詩史意義。但因多為元時在朝為官時所作，故不細論。

危素（1303-1372），史學家，字太樸，一字雲林，金溪人。少通五經，曾游學於著名文人吳澄、范梈門下研究史學。元至正二年因薦為經筵檢討官，參修宋、遼、金三史，由國子助教遷翰林編修。歷任監察御史、禮部尚書、參知政事、翰林學士承旨，出為嶺北行省左丞。後退居房山。淮王監國，起為承旨如故。明兵入大都，學士走報恩寺，俯身入井，寺僧大梓挽出之，謂曰「國史非公莫知，公死是死國之史也」，學士由是不死[4]。洪武初，授翰林侍讀學士[5]，二年，授翰林侍講學士，與宋濂同修

3　沈德潛、周准：《明詩別裁集》，上海古籍出版社，1979 年版，第 6頁。

4　朱彝尊：《曝書亭集》卷五十二，《跋危氏雲林集》，文淵閣《四庫全書》本。

5　按：《弇山堂別集》卷四十六「講讀學士表」條作「故元承旨，歸附，洪武元年任讀學，三年改弘文館」。

《元史》，兼弘文館學士，備顧問。後謫居和州，令其守元末戰死名臣余闕之廟以辱之，歲餘憂恨卒，年七十（或作年七十八）。生平事蹟見《明史》卷二百八十五。據《四庫全書》本統計，危素有詩九十一首、文二一六篇。據說其詩文均為元時所作，入明後詩文已遺失不傳，但明詩的總集選本都錄有其詩，《列朝詩集》收其詩十首，《明詩綜》錄四首，《明詩紀事》錄二十五首，《御選宋金元明四朝詩·御選明詩》亦選其詩八首，從錄詩數量看，都不在少數。

其詩歌氣格雄偉，風骨遒勁，留存的詩作雖然不多，但足可稱一代作者。如《梁國狄文惠公親廟詩》：

大江從西來，萬里流湯湯。維唐社稷臣，勳業載旗常。天子在房陵，女后御明堂。晨聞牝雞鳴，腥聞溢穹蒼。狄公秉忠義，耿耿立廟廊。周旋極黽勉，論議忽慨慷。載御卷冕歸，宗社赫有光。豈徒保國祚，實欲扶天常。雲孫江州牧，宮廟薦烝嘗。豆籩孔嚴潔，絲石載鏗鏘。再拜久屏息，低徊想忠良。作歌勸臣子，百代踵遺芳。

大江萬里奔流，境界闊大。歌功頌德之作寫得如此大氣，倒也文盡其用。

記游寫景詩如《游廬山棲賢寺》：

弱冠好山水，揭來廬阜陽。憩澗微雨至，入林春風香。載經三峽橋，地籟聞鏗鏘。解帶懸石磴，愛此泉流長。浹岩

凝素乳，灑樹見飛霜。泠泠轉空曲，湛湛涵清光。五老九千
仞，巋絕天中央。紫煙射仙璧，白雲冠僧坊。幽思稍愉悦，
良朋共翱翔。訪古慕宗向，悟玄愧裴揚。超然色界游，圓靈
大無方。終當畢吾志，混跡麋鹿行。

通過記游，表達了對山林生活的嚮往。而《題營丘山房》「太
岳流芳裔，何年徙贛州。殊勳思尚父，作室表營丘。故國兵戈
後，空山草木秋。穆陵關北路，風雪近曾游」，則透露了故國亂
後的荒涼。

題贈送別詩如《送張幼初之京》《送章右丞戍廣西》都寫得
典麗精工，而《南京別王道士》則情韻幽婉。此類詩還有《送鄭
復常歸三山省親》《贈鄧叟追和蘇子贈扶風逆旅詩》等。

此外，題畫詩也自有其特色，如《題三韓沙門玉田花鳥圖》
《題宋好古墨竹》《題趙子昂竹石》等，寫得短小精緻，形神畢
肖。

二、「明初四傑」之一的張羽

張羽（1333-1385），字來儀，後以字行，更字附鳳，號靜
居，九江人，僑居吳興[6]。元末，領鄉薦，為安定書院山長，再
徙於吳。洪武初，徵授太常寺丞。尋坐事竄嶺南，未半道召還。

---

6 按：《明史》本傳稱「從父宦江浙，兵阻不獲歸，與友徐賁約，卜居
吳興」。

羽自知不免，投龍江死。張羽工詩，善書畫，在明初與宋濂、童冀、姚廣孝相唱和，與高啟、楊基、徐賁號「明初四傑」[7]。生平事蹟附見《明史》卷二百八十五《高啟傳》中。

張羽有詩集《靜居集》[8]和文別集《張來儀文集》。《四庫全書》錄其《靜居集》四卷，《四庫全書存目叢書》集部第二十六冊錄其《靜庵張先生詩集》一卷（清鈔本）收《張來儀先生文集》一卷、補遺一卷，豫章叢書（士禮居鈔本，民國五年刊）《叢書集成續編》第一百八十五冊影印。《列朝詩集》錄其《靜居集》樂府、五七言古詩一百四十首和《靜居集》五七言今體詩一百首，《明詩綜》錄二十三首，《明詩紀事》錄十一首。

張羽是元末遺老詩人中名聲最大的江西籍詩人，為「明初四傑」之一。最早提到「高、楊、張、徐」四傑的，可能要數明代胡應麟，他在《詩藪·續編》中說「以唐人與明人並論，唐有王、楊、盧、駱，明則高、楊、張、徐」[9]，顯然是把張羽比況「初唐四傑」之盧照鄰。

其詩音律和諧，情韻幽深，雖「高雅不及高啟，俊爽不如楊基，而覃知冶煉，佩實銜華，自是詩人之詩。近體詩尤

7　按：《姑蘇志》卷五十二稱「至正、洪武之際，（楊基）與高啟、張羽、徐賁齊名，號『吳中四傑』」。

8　按：《四庫全書總目》卷一百七十五稱《靜庵集》為刪存本。

9　胡應麟：《詩藪·續編》卷二，上海古籍出版社，1979 年版，第 364 頁。

清道澹逸，有不盡之味」。**10**

如《送劉仲鼎歸杭州》：

> 欲別又牽衣，傷心故舊稀。自憐為客久，不忍送君歸。
> 遠岫明殘雪，空江淡落暉。東風重回首，一雁背人飛。

這首詩雖是傳統的送別題材，但寫得情韻悠遠，不盡之意見於言外，足見詩人冶煉之功。開篇以「牽衣」動作細節表難捨之情，故舊多凋零，更添傷心之情；身歷亂世，客中送客，故不忍送；冬天的殘雪映亮了天邊的微雲，夕陽的餘暉淡淡地灑落在空曠的江面；站在料峭的春風中，當再次回望江面，只見孤雁剛才正背著人獨自地飛著。詩人對友人依依不捨的眷念與牽掛之情，透過對送別場景的描繪而躍然紙上。

又如《燕山春暮》：

> 金水橋邊蜀鳥啼，玉泉山下柳花飛。江南江北三千里，
> 愁絕春歸客未歸。

嘆春、惜春之間，愁情自現，深思冶煉，樸實含華。七絕如

---

10 宋佩韋：《明文學史》，上海商務印書館，民國二十三年版，第 27 頁。

《贈琴士》《聽老者理琵琶》《取勝亭感舊》《奇天目山雍長老》等，都寫得清遒澹逸，有不盡之味。五古詩如《金川門》《立秋日早泛舟入郭》《春初游載山》等，或低昂婉轉，或沖淡有致而近韋、柳，而朱彝尊認為「郁轄」（隱曲不暢的樣子）；七古多題畫、應酬之作，如《春山瑞靄圖》《倪元鎮畫竹沈御史所藏》《畫山水行》《錢舜舉溪岸圖》《余將軍篆書榻本歌》《李遵道墨竹歌》《唐子華雲山歌》等。

第二節 ▶ 梁寅、陳謨、吳伯宗、梁蘭

一、理學家兼文學名家——梁寅、陳謨

梁寅（1309-1390 或 1303-1389），字孟敬，新喻（今新余）人。家貧，務農，但自幼勤學，貫通經史。元末辟集慶路儒學訓導，洪武初征天下名儒修述禮樂之書，梁寅就征時已年六十餘。書成，將授官，以老疾辭歸。結廬石門山，學者稱其為梁五經，又稱石門先生，年八十二（或作八十七）卒。平生著述甚富，於《易》《書》《詩》《春秋》《周禮》《禮記》皆有訓釋；於史學、雜著均有著述，有《石門集》《宋史略》《元史節要》等，《四庫全書》錄其《周易參義》十二卷、《詩演義》十五卷和《石門集》七卷傳世。生平事蹟見《明史》卷二百八十二、《石門集》卷首石光霽所作行狀等。

梁寅的弟子主要有黃子澄、章喆、黎充輝等，對後來的理學產生了一定的影響。

生卒年問題。關於梁寅的生卒年，有二說：

1.1303-1389，八十七歲。如《江西歷代人物辭典》第 183 頁「梁寅」條作「1303-1389」，《江西歷代文學藝術家大全》第 518 頁同。《中國文學大辭典》第 808 頁作「1303-1390」，卒年略異（洪武二十二年即公曆 1389 年十二月，按公曆算應是 1390 年 1 月，故其卒年當為 1390 年），劉君君《梁寅著述概說》[11]持此說，並稱其「生於元大德七年（1303 年），卒於明洪武二十二年十二月二十四（1390 年 1 月 10 日），享年 87 歲」，依據《石光霽撰石門先生行狀》。

2.1309-1390，八十二歲。據《明儒言行錄》卷一《梁寅石門先生》云「洪武二十三年卒，年八十二」，又《國朝獻徵錄》卷一一四《梁征士傳》亦稱「洪武二十三年，年八十二，以十二月卒」，又《明實錄類纂》（人物傳記卷）第 183 頁引《太祖實錄》卷一九八稱「至是，年八十二，以歲十二月卒」，洪武二十三年即 1390 年，上推八十二年，則其生年當於 1309 年，《明人傳記資料索引》第 476 頁「梁寅」條採用此說。今兩存以俟考。

梁寅曾結廬石門山，學者稱其為石門先生，故其集名《石門集》，《四庫全書》本七卷，較完備的版本是十卷本。據不完全統計，現存的詩歌有 425 首（古體詩 152 首、近體詩 275 首，其中七律 125 首），詞 40 首，文 124 篇（其中記、序共 90 篇），另有其他文體作品若干。從這裡不難看出，梁寅的文學創作比較

11　劉君君：《梁寅著述概說》，《新余高專學報》，2006 年第 4 期。

全面，近體詩尤其是七言律詩用力較勤，文既有記、序、賦、雜著等，又有經、史、策略，其中以記、序二體為多。《皇明西江詩選》錄其詩 29 首，《列朝詩集》錄 11 首，《明詩綜》錄 24 首，《明詩紀事》未錄。《四庫全書總目・石門集提要》稱：

> 寅邃於經術，故其文皆能原本注疏，經義紛綸，頗為醇雅有法；詩亦春容淡遠，規仿陶、韋，殊無塵俗之氣……其文理極醇雅，而持論多有根柢，不同剽掇語錄之空談。[12]

評價頗允當。梁寅為明初理學大家，但他的詩歌卻無道學氣，平易自然，風格沖淡。如《山中秋夜》：

> 夜對千峰秋氣新，蕭條岩壑一閒身。松林虎出時窺犬，茅屋螢飛偏近人。傍月把書憐稚子，臨風吹笛羨南鄰。棲烏應怯梧桐冷，不斷悲啼欲向晨。

寫秋夜山居生活的悠閒與清靜。山裡的秋夜空氣清新，岩壑蕭條，生活於其中，好不閒靜；松林中虎豹出沒，螢火蟲繞屋而飛，並不怯人，人也似乎不以虎為患；稚子傍月把書，鄰居臨風吹笛，讓人羨慕；只有那烏鳥耐不住梧桐的清冷，不時地發出悲

12　《四庫全書總目》卷一百六十八「石門集七卷」條，文淵閣《四庫全書》本。

啼聲，聲聲催曙。多麼幽靜的山林隱居圖，一切自然而然。此詩有「陶韋」詩的沖融淡遠。類似的詩歌如《丁酉歲正月四日雪》：

> 白頭遭亂遠江城，寄宿深山歲又更。雪裡人家荒野色，天涯親友暮年情。山魈夜應猿猱響，樵子晨沖虎豹行。草笠棕衣任來往，陰崖何處覓黃精。

描寫雪景，清新自然。

還有《都下將歸宿石城門外和李仲淵知縣晚過上林之作》《歸醴溪》《次韻酬黎以德》《和楊逸人桃林遷居之作》《題西山程氏南窗》《為臨川章則常題山水圖》等都寫得清新自然。

此外，梁寅詩歌還有反映現實生活的，如《登吳山》：

> 城繞青峰錦繡回，仙樓十二競崔嵬。雲飛滄海山無盡，潮撼長江雨並來。吳相忠魂祠宇在，宋皇行殿梵宮開。東南都會金城廢，竟日湖船絲竹哀。

昔日繁華的東南都會經歷戰亂變得荒蕪殘破，停泊在西湖的游船，掩映湖水的柳絲翠竹，也彷彿整日哀傷不已。融情入景，含蓄自然。《題印土寺罷釣軒》則以罷釣竿細節表達哲理的思索，具有哲理詩的情趣。此類詩還有《擬古六首》等，借景說理，景理相融，摒棄了理學家詩歌酷不入情的弊病，親切而自然。

陳謨（1305-1390），字一德，號心吾，學者稱海桑先生，泰

和人。楊士奇之舅父。幼能詩文，初習《周易》，後兼通《詩》《書》「三禮」諸傳，旁及子史百家，涉流探源，辨析純駁，犁然歸於至當。隱居不求仕而究心經世之務，嘗謂：「學必敦本，莫加於性，莫重於倫，莫先於變化氣質。若禮樂、刑政、錢谷、兵甲、度數之詳，亦不可不講習。」（《明儒言行錄》卷一）一時經生學子多從之游，楊士奇、梁蘭皆其弟子。洪武初，征詣京師，賜坐議禮，學士宋濂、待制王褘請留為國學師，謨引疾辭歸。屢應聘為江浙考試官，著書教授以終。卒年八十六。有《海桑集》《書經會通》《詩經演說》，四庫錄其《海桑集》十卷傳世。生平事蹟見《明史》卷二百八十二、《國朝獻徵錄》卷一一四王時槐所撰傳等。

　　陳謨的詩文別集《海桑集》十卷，《四庫全書》本，古體詩五十四首，近體詩二二一首，各體文二三四篇，其中序八十九篇、記四十七篇、其餘文九十八篇。《明詩綜》錄其詩二首，《明詩紀事》錄六首，《列朝詩集》未錄。《四庫全書總目·海桑集提要》稱其文體簡雅，詩格舂容，東里（楊士奇）淵源實出於此。其集原序稱宋濂目以夏鼎商彝、太羹元酒，雖未免溢美，然而其詩在明初也不失為雅音。如《游天慶觀登眾妙堂》：

　　　琳宮宅兜牟，褻污眾妙門。試窺搗衣砧，上有眉山文。上堂羅兒婦，下堂飼雞豚。塑像古且奇，稽首玄元君。端居燕穆清，誰使居人群。亦有居士泉，澄源為之昏。那無一寸膠，可洗千丈渾。

此詩平正典雅，寫了天慶觀眾妙堂裡的玄元君的古像、蘇公碑文、居士泉，但意境不夠渾融，卒讀之後，不能給人留下什麼深刻印象。

又如《聞道》：

閒道潼關下，黃流似海深。由來天設險，過者日傷心。
漢殿芝房冷，唐陵玉甃沉。不應有佳氣，郁郁尚如今。

大意是講潼關、黃河雖為天險卻終難憑恃，反倒因患難成災讓人為之心傷。昔日漢殿還在但芝房已冷清，唐陵仍在但湯池已陸沉不見。不應該有什麼王氣，只有自然界的草木如今還郁郁蔥蔥。寓情、理於意象中，春容有致。

其他如《潦暑作古意二首》《題隱者山房》《別曲江參謀孫舜元》等，大抵如此。其五古《次郊行韻》，則自然含蓄，「遙知獨醒者，都是太平人」，蘊含哲理。

總之，陳謨同梁寅一樣，在明初身份是元末遺老，又是理學大儒，楊士奇、梁蘭都是他的弟子，其在儒林的地位可想而知。作為明初江西文學尤其是「臺閣體」的奠基人，其作用與地位值得肯定。他是楊士奇的舅父兼老師，對楊士奇的為人與為文均有直接影響，無怪乎《四庫全書總目》稱「其文體簡雅，詩格春容，東里淵源實出於是」[13]。尤其值得注意的是他的文論，標榜

13　《四庫全書總目》卷一百六十九「海桑集十卷」條，文淵閣《四庫

以陶、韋為代表的沖淡詩風，以李、杜為代表的雄闊壯美的詩風以及以韓愈、蘇軾為代表的雄渾傑特的文風，從中可以看到他自己的文學追求與好尚以及與創作實踐之間的不一致。

二、狀元作家吳伯宗

有明一代，自開科取士以來，一共有狀元八十九人，江西共有十七人，占狀元總數的百分之十九點一，名列第三（僅次於南直隸和浙江）**14**。

吳伯宗（1334-1384），名祐，以字行**15**，金溪人。生而穎悟，十歲通舉子業，先達見其文，嘆曰：「玉光劍氣，終不可掩。」洪武三年（1370）解元，四年廷對擢第一（被稱為「明開科第一狀元」），授禮部員外郎，與修《大明日歷》。性剛直不屈，忤胡惟庸，坐謫鳳陽。未幾召還，累遷國子司業、武英殿大學士，後降檢討**16**，洪武十七年卒於官。生平事蹟見《明史》卷一百三十七、《國朝獻徵錄》卷十二黃佐撰傳等。

吳伯宗博學多才，平生著述頗豐，有《吳伯宗集》（《南宮稿》《使交集》《成均稿》《玉堂稿》）二十四卷（見《明史‧藝

全書》本。

14　朱寶炯、謝沛霖：《明清進士題名碑錄索引》，上海古籍出版社，1980 年版。

15　按：明黃佐撰《翰林記》卷十七「典籍」條作「吳伯宗，名同，以字行」，疑誤。

16　按：《弇山堂別集》卷四十五「殿閣大學士未預閣務者」條作「洪武辛亥狀元，十五年任武英殿大學士，十六年降檢討」。

文志四》）和《榮進集》，《四庫全書》錄其《榮進集》四卷以傳。榮進，榮升高位之意。吳伯宗舉洪武三年（1370）解元，四年廷對擢第一，此集又列科考之文，且詩文多係為官時所作，其集故名。《四庫總目提要》稱其詩文皆雍容典雅，有開國之規模，明一代「臺閣」之體胚胎於此。這是很有見地的。吳伯宗的詩文多應制之作，辭藻繁富，雍容典雅，頗具「臺閣體」之氣象[17]。

為環境所決定，吳伯宗詩歌多應制頌聖詩篇，如《南京應制》《長江潦水詩十二韻應制》等。《南京應制》云：

> 龍虎山河御氣通，遙瞻帝闕五雲中。英雄盡入江東籍，將帥多收薊北功。禮樂日躋三代盛，梯航歲貢萬方同。都將盛德熙文治，殊俗全還太古風。

「龍虎山河」「英雄盡入」「將帥多收」「禮樂躋三代」「萬方同」「熙文治」「太古風」，一片頌聖之聲，看似氣度不凡，實則雍容華麗，理性多而感性少。《長江潦水詩十二韻應制》云：

> 巴蜀已消雪，長江潦水渾。洪濤涵日月，巨浪浴乾坤。

17　《四庫全書總目・榮進集提要》，《四庫全書總目提要》，河北人民出版社，2000 年版，第 4403 頁。

回擁三山出，雄驅萬馬奔。大聲如拔木，遠勢瀉傾盆。浩蕩川原渾，微茫島嶼蹲。漫漫連兩岸，渺渺接千村。轂轉盤渦急，雲蒸濕氣屯。浮游多浴鷺，變化有溟鯤。已足沾疇隴，還應赴海門。朝宗長不息，灌漑意常存。惠澤流今古，陰陽順曉昏。滔滔南國紀，永護九重尊。

寫景壯闊，但辭藻過於華麗，看似大度，實則平易和緩，最終歸於頌揚之聲「陰陽順曉昏」「永護九重尊」。這是較為典型的臺閣體氣象。而《橫秋風吹笛應制》云：

庭樹西風灝氣清，何人吹笛作秋聲？天連碧海蒼龍吼，地接丹山紫鳳鳴。柳葉穿雲添逸興，梅花飛雪動幽情。更深坐久蟲聲切，萬里關河月正明。

此詩寫秋氣、秋聲、秋景，倒也壯美動人，似未涉臺閣氣息。其他如《題秋江回驛圖》：

大江瀉奔流，浩蕩去不息。青岑列兩岸，倒影搖空碧。樓高野陰闊，錦樹覆沙驛。帆落天際雲，人歸渡頭夕。緬懷滄州趣，萬里見秋色。長嘯倚西風，因之豁胸臆。

寫景壯闊，抒情和緩，辭藻富麗。

三、隱士詩人梁蘭

梁蘭（1343-1410），字庭秀，一字不移，號畦樂，泰和人。梁潛、梁混之父。隱居不仕，故以畦樂自號。與楊士奇為親家，士奇嘗從之學詩，並為其編輯詩集。永樂八年（1410）卒，年六十八。生平事蹟見楊士奇《東里集·續集》（四庫本）卷三十九《梁先生墓誌銘》及《東里集·續集》卷四十六《祭畦樂先生文》等。

梁蘭有《畦樂先生集》，《四庫全書》錄其《畦樂詩集》一卷以傳。梁蘭隱居樂道，故其詩沖淡閒雅，有自得之致。如《西畦自適》：

> 守拙一圃間，衡從五畝餘。藝麻在高丘，雜以果與蔬。春至百草生，趁晴聊荷鋤。筋力豈不勞，蕪穢亦已除。家人會知我，慰以酒滿壺。偶坐斟酌之，日落西山隅。歸來北窗下，我心一事無。

這是一首典型的類似陶、韋風格的詩歌，既有對現實生活的觀照，又有閒適心靈的自然流露。讀來清新可喜，心靈如洗。又如《淵明歸田》《孟浩然灞橋詩思》二詩都是題畫詩，詩人以己之心志描摹畫中陶淵明、孟浩然的形象，形神兼備，這與詩人對陶、孟的熱愛以及自己的感同身受分不開。

其他如《梅隱為九江府劉通判作》《題子堅隱居圖》《素行詩》《題漁父圖》《孟夏言志》等，都表達了清貞的隱逸之志或感慨。

此外，詩人與陶淵明一樣，也有「金剛怒目」式的詩作，如《行路難》：

> 李陵古奇士，報國思捐軀。孤軍勢已盡，忍辱降匈奴。下馬解鐵衣，殘卒同嗚嗚。拔劍指白日，汝血臨長途。誓為魯曹沫，恥作吳專諸。肝腸在漢闕，日夜悲穹廬。君王不相信，老母復何辜。惡名豈復免，盛德將焉圖？子卿若旋歸，視我今何如。悲哉行路難，千古同欷歔。

風格與隱逸之作截然不同。

第三節 ▶「江右詩派」的開山祖劉崧

劉崧（1321-1381），或作劉嵩，舊名楚，字子高，號槎翁，泰和人。自幼博學，天性廉慎。家貧力學，寒無爐火，手皸裂而抄錄不輟。十九歲（至元五年，1339 年）游南昌時，與李叔正、萬石、楊伯謙、查和卿、周復等人皆以詩著稱，號稱「江西十才子」。元末舉於鄉[18]，洪武三年（1370）舉經明行修科，改名崧，被召見於奉天殿，授兵部職方司郎中。為胡惟庸所惡，坐事謫輸作，尋放歸。十三年胡惟庸伏誅，征拜禮部侍郎，未幾擢吏

18　按：尹直《侍郎劉公崧傳》作「至正丙申應鄉試，報捷者至」，至正丙申即十六年，亦即 1356 年。

部尚書，尋致仕。十四年三月，與前刑部尚書李敬並征，拜敬國子祭酒，而崧為司業，賜鞍馬。未旬日，卒於官，年六十一。福王時追贈禮部左侍郎，諡恭介。生平事蹟見《明史》卷一三七、明徐紘撰《明名臣琬琰錄》卷十二尹直撰《司業劉公言行錄》等。

劉崧平生好學、好著述，故著述頗豐，有《北平八府志》《嶺南錄》《東游錄》《職方集》《槎翁詩集》《槎翁集》，四庫錄其《槎翁詩集》八卷，《四庫全書存目叢書》集部第二十四冊錄其《槎翁文集》十八卷（明嘉靖元年徐冠刻本）。《皇明西江詩選》錄其詩六十八首，《列朝詩集》錄七十四首，《明詩綜》錄五十首，《江西詩徵》錄一一八首，就連選詩標準甚嚴的《明詩紀事》也錄其詩二十三首。從這些明詩總集選錄其詩的數量來看，劉崧在明初詩人中很突出，堪稱明初詩歌大家。據粗略統計，《槎翁詩集》八卷，總共有詩歌二四○○多首，並且體裁多樣，有七言古詩（266 首）、五言古詩（260 首）、七言絕句（733 首）、五言絕句（230 首）、七言律詩（471 首）、五言律詩（446 首），此外，還有相當數量的古樂府、四言古詩、五言排律、七言排律、六言絕句及數篇聯句雜體。

劉崧詩歌以明朝建國為界分為前後兩個時期：前期自其十九歲登上詩壇至入明前，計近三十年；後期自入明至洪武十四年即一三八一年去世，計十三年。

前期詩歌，既有摹寫貴婦的閒情逸致，表達詩人生活態度與人生情趣的作品，又有反映元末亂世民生的苦難、生活的動蕩以及戰爭帶來的創傷之類題材的詩篇，前者或淒豔，或清麗古雅，

後者則沉鬱悲愴。風格淒豔之作如《姑蘇曲》：

姑蘇城頭烏夜啼，姑蘇台上風淒淒。芙蓉露冷秋香死，美人夜泣雙蛾低。銅龍咽寒更漏促，手撥繁弦轉紅玉。鴛鴦飛去厭廊空，猶唱吳宮舊時曲。吳山青青吳殿荒，麋鹿來游春草長。閶闔門戶東風起，年年花落愁西子。

這是較為典型的學晚唐溫庭筠風格的詩篇，詩中的意象不外乎芙蓉、秋香、雙蛾、銅龍、更漏、繁弦、紅玉、鴛鴦等豔麗的景致，寄寓詩人的幽情，難怪宋佩韋說它「淒豔頗似溫飛卿」[19]，沈德潛、周准也說「子高詩辭采鮮媚，骨格未高，應是學溫飛卿一派」[20]。類似風格的詩篇還有不少，如《照鏡曲》；清麗古雅者如《秋夜詞》。

此外，還有面對元末亂世而哀民生之多艱的詩作，風格沉鬱悲愴，如《送顏用行歸吉水並柬康隱君》，寫戰亂所致滿目瘡痍的情景，慘不忍睹。又如《二月十八夜辭屋嘆》，寫百姓為避戰亂而被迫辭家的情景，顛沛流離之狀如在目前。類似詩篇，俯拾皆是。再如《東家嘆》《十一日寇拔古城圍始出東門渡江遇爭橋者幾陷於水既渡賦出自東門一首以自釋乙巳正月》《兵後過故里》《南鄉怨歌》《採野菜》《養牛嘆》《夜出羅村》《南山謠》等，都

19　宋佩韋：《明文學史》，第39頁。
20　沈德潛、周准：《明詩別裁集》，第33頁。

是寫民生多艱的詩篇，具有詩史意義。

後期詩歌，在朝時的詩歌題材以奉和、酬贈為主，風格雍容典雅，平正膚廓，對此後「臺閣體」的出現產生了直接的影響，故《四庫全書總目・槎翁詩集提要》稱劉崧「大抵以清和婉約之音提導後進，迨楊士奇等嗣起，復變為臺閣博大之體」[21]。後忤胡惟庸而黜歸，寫了一些或放情山水或感時憂世的詩歌，情景交融，意境渾然。

前者如《奉和右丞廉惠山凱牙喜雨詩》，全詩語言典雅古奧，理性有餘而感性不足，淡乎寡味。詩題作「喜雨」，細讀之後也難以感受到其「喜」之有。類似的篇章尚有《奉和王誠夫短歌一首》《奉和孫真州伯剛南軒種竹十二韻》等，這類詩在劉崧詩集中所占比例很少，且有的奉和之作可稱佳構，如《匡山寨中奉和梅南劉府推韻呈公望楊主簿》：

> 萬里旌旗在眼中，千崖寒色待春風。愁來自少登臨樂，亂定誰論戰伐功。桂嶺天長雲似馬，槎灘波淨月如弓。白頭幕府憂時切，此日題詩感慨同。

寫得情真意切。而題作「應制」的詩篇，在其詩集居然沒有找到，只有《進甘露詩十六韻》之類作品，才見其歌頌、諛美之辭。只是酬贈之作較多，有的堆砌詞藻，無實質內容可言，如

21　《四庫全書總目提要》第 4374 頁。

《同蕭諶曠達諸君子夜集蟠溪王新書舍得竹字》《過南圳訪友同王子與羅子理分韻得滿字》等。但有的也是真情流露，如《奉題王氏勤有書堂十四韻》《晚游興福寺奉和從兄本泉韻》等，不一而足。

後者如《水口田家》，寫水口田家的怡然自得的生活，親切自然。又如《入城》《漫興》《客情》《步月》《正月十九日》《玉華山》等，都是「得江山之助」的篇章，摹景狀物，清新自然，抒情寫意，生動傳神。

劉崧「以清和婉約之音提導後進」，「詩風平正典雅，實不失為正聲」[22]。汪端《明三十家詩選》評論劉崧詩歌時說：「彥靜疏爽，如新篁搖風，幽花挹露；又如空山聽雨，曲澗鳴泉。蓋取材中唐、南宋，而不流於佻淺，洵一時雅宗也。」都是就其雅正詩風而言的。宋佩韋《明文學史》稱「他的《姑蘇曲》，淒豔頗似溫飛卿」[23]，是就其早期詩的特色而言的。而朱彝尊《靜志居詩話》批評其缺點為「體弱，局於方程，不能展拓」，則是就其不足而言的。立論角度雖然不同，但都言之成理[24]。《靜志居詩話》稱：「子高句鎪字琢，頗具苦心，惜其體弱，局於方程，不能展拓。於唐近大歷十子，於宋類永嘉四靈，於元最肖薩天錫。」指出了劉崧詩歌的淵源所自，頗具識見。

22　《四庫全書總目提要》，第 4374 頁。

23　宋佩韋：《明文學史》，第 39 頁。

24　朱彝尊撰：《靜志居詩話》卷二「劉崧」條，周駿富輯《明代傳記叢刊》008-266，台灣明文書局 1991 年版。

第四節 ▶ 方外詩人來復

明初江西詩壇出現了一群方外作家，其中既有詩僧，又有道流。他們的出現，給明初的江西文學帶來了新的氣息，注入了新的活力，增添了新的色彩。儘管他們的詩歌質量高低不齊，整體成就也不大，但其中不乏小有成就的詩人如來復、克新、張宇初等。他們的出現，使明初江西文壇多了一種風氣。

來復（1319-1391）[25]，字見心，號蒲庵，俗姓黃，豐城人。幼剃髮於普庵堂，後游會稽諸山，復主靈隱寺。明內典，通儒術。元末受知於虞集、歐陽玄諸公，書法頗似趙孟頫。明初以高僧召至京師，時論與釋宗泐齊名，除僧錄寺左覺義，詔住鳳陽槎牙山圓通院。洪武十八年，以賦詩忤上意，被刑。生平事蹟見《江西通志》卷一百三、《明一統志》卷四十九等。

來復工詩文，太史宋景濂序其集，盛稱道之，有《蒲庵集》《鐘山稿》，元顧瑛編《草堂雅集》卷十四錄其詩五首，明李蓘編《元藝圃集》卷四錄其詩二十二首，《御定佩文齋詠物詩選》錄其詩十二首，《御定歷代題畫詩類》錄其詩十四首。

來復的詩歌留存的雖然數量不及克新，但總體成就則過之。來復像克新一樣，也是各體詩兼備。五言古詩如《次韻寄答江子寬先生》：

---

25 江西省文學藝術研究所：《江西歷代文學藝術家大全》，江西人民出版社，1989 年版，第 543 頁。

采蒲涉東澗，褰蘿度西林。涼飆激清籟，孤懷鬱如沈。思君渺何許，邈在三山陰。草樹颯已秋，感此歲月深。高標不可挹，何由散沖襟。熒熒匣中劍，浪浪罋下琴。乖時不敢售，價重千黃金。寄君道路遠，況復多妖祲。會當愜良遇，坐石青瑤岑。掃花弄朝日，逍遙論夙心。

景為世外景，情卻為人之常情，時用比興，偶有寄托。

其七言古詩多為題畫詩，且篇幅較長，如《題米南宮雲山圖》《秦淮謠送鄭太守歸光州石盤山》《漁樂圖為茅指揮題》《赤壁圖為胡允中賦》等，往往恃才揮灑，情韻流轉。其中《題米南宮雲山圖》云：

南宮米黻生殊方，馳名畫史妙莫當。墨雲翻空太陰黑，功奪造化開微茫。酒酣放筆情爛漫，愛寫長林帶溪岸。昆侖移得毫芒間，數點浮雲落天半。鴨嘴灘頭沙浦通，鯉魚浪颭苔花風。山腰路險不可屐，飛瀑倒掛青天虹。我憶南游溯湘沅，七十二峰長對面。赤壁山高看洞庭，一道澄波瀉秋練。人生誰無丘壑懷，可奈塵土羈長才。子陵不遇劉文叔，釣台未必高雲台。展圖頗識舊行處，彷彿微鐘隔煙樹。荒盡菱租老未歸，寄書欲問沙頭鷺。

由米芾的畫而及其人，由畫境而及其人之精神境界，把米芾灑脫的藝術家風采再現得神情畢肖。

五言律詩如《宿徑山天瑞院次虞侍講韻》「佛屋凌霄見，僧

鐘隔水聞。石苔留虎跡，山氣動龍文。缽自諸天送，燈從白日分。東游共清賞，猿鶴每為群」，即世外景而含俗世情，婉轉含蓄。七言律詩如《游石湖蘭若二首》《奉寄元璞琦禪師》《野軒為海昌李茂才賦》《送徐誠中入關》等，或以景寫禪意，或刻畫贈答之人的精神氣度，都別有特色。其中《游石湖蘭若二首》：

　　　　荷花蕩漾湖水深，上有蘭若當高岑。客吟時見猿鳥下，僧定不聞鐘磬音。雨香秋林橘子熟，雲落空澗棠梨陰。閒來掃石坐竹裡，靜與山人論素心。

　　　　五龍之峰雲作屏，雙崖削出芙蓉青。何人澗底拾瑤草，有客松間采茯苓。林風不驚虎臥石，山雨忽來龍聽經。吳王台榭今寂寞，秋香薛荔花冥冥。

　　於自然景致中時見禪意：荷花自蕩漾，客人自吟詠，猿鳥自高下跳躍飛翔，僧人自禪定，故不聞鐘磬之聲，山果自飄香，果熟而自掉落，云自無心以出岫，人之心境與寧靜的自然合二為一。

　　七言絕句如《掩關》「槁木形骸百念灰，溪猿野鶴苦相猜。閒門獨掩青松雨，笑口逢人亦懶開」，其閉關修行之狀若現；《題陽關送別圖》「三月皇州送佩珂，柳花吹雪滿官河。縱令渭水深千尺，不似陽關別淚多」，以渭水之深狀陽關別淚之多，新穎別緻，在題畫詩中不多見；又《西湖雜詩三首》云：

　　　　芙蓉灣口綠陰斜，吹笛何人隔彩霞。驚起沙頭雙翠羽，

衡魚飛過刺桐花。

　　寶網金幢變劫灰，瞿曇寺裡盡蒿萊。鳥窠無樹山猿泣，
不見談禪大傅來。

　　荷鋤耕叟餉蒸藜，家住官塘九曲西。白髮強談兵後事，
眼枯無淚向人啼。

　　三首詩三種情境：第一首寫景細膩傳神，即景見情，可能於
太平之世時所作；第二首，亂世中所作，佛門淨地竟見劫灰、蒿
萊、鳥泣，談禪大傅又如何能來？第三首，應為兵亂後之作，白
髮農夫尚未歸家，仍流離在異鄉，煮野菜充飢，剛歷兵亂，每當
談起兵亂之事，眼已枯，淚亦無，只能悲啼，其痛苦之狀如在目
前。

　　世外之人仍然無法避開戰亂，故詩中時見吟詠。這是末世詩
僧及其詩作的特色之一。

第五節 ▶ 元末明初詞人

一、梁寅

　　梁寅的生平著述見本章第三節。有《石門集》七卷，詞附其
中，惜陰堂裁為《石門詞》。梁寅的詞作現存四十首，多寫隱居
山林生活，與他的詩在題材和風格上都較接近。

　　如描寫隱居山林生活的詞如《醉落魄》：

蒼崖翠谷。閒雲一片無拘束。田廬村巷經行熟。無取無求，曳杖看修竹。道人邀我岩居宿。小槽白酒過醹酥。醉來共唱山中曲。無價清歡，何必論金玉。

寫詞人無拘無束的山居生活。與道人同宿同飲，醉吟山曲，視之無價，忘卻物欲，表現了詞人的山居之樂及閒適的心境，風格清新自然。又如《浣溪沙》：

錦樹分明上苑花，晴光宜日又宜霞。碧煙橫處有人家。綠似鴨頭松下水，白於魚腹柳邊沙。一溪雲影雁飛斜。

則寫鄉野的自然美景，融情入景，詞境渾然，風格沖淡自然。類似的詞還有很多，於寫山野之景的同時表現了詞人的喜樂之情，如《玉蝴蝶·閒居》《繡山月·雨夕》《木蘭花慢·桃源》《雨霖鈴·夏景》《采桑子·孟夏》《天仙子·苦熱》《蘇幕遮·秋旱喜雨》等。其羈旅行役之詞如《折桂令·留京城作》：

龍樓鳳閣重重。海上蓬萊，天上瑤宮。錦繡才人，風雲奇士，袞袞相逢。幾人侍、黃金殿上，幾人在、紫陌塵中。運有窮通。寬著心胸。一任君王，一任天公。

此詞為洪武初詞人被徵召修禮書而羈留南京時所作。上片讚頌京城的宮觀建築和人才濟濟的盛況，下片總結了人生際遇的不同，或騰達，或窮困。但只要心胸開闊，隨順窮通，自然無憂。

表現了詞人豁達超脫的人生態度，詞風清曠。類似題材的詞還有《踏莎行·江上阻風》《虞美人·舟中》《謁金門·舟中對月》《臨江仙·舟中》《菩薩蠻·湖口》《金縷衣·泊南浦》等。

　　詠史詞如《燭影搖紅》（深鎖宮花），是詠嘆昭君出塞史事的，指出歸咎漢元帝是不妥當的，因為昭君是因失寵而主動出塞的，到了匈奴之後「芳心自喜」「寵深誰比」。此詞突破了同題詩詞的常套，翻出新意，也表現了梁寅作為史學家的獨具只眼與卓越識見。其他還有懷舊之詞如《晝夜樂·懷金陵》，諷刺地方薄俗之詞如《八聲甘州》等，不一而足。

二、劉炳

　　劉炳（一作劉昺），字彥昺，鄱陽人。其父名斗鳳，用虞、揭諸公薦，為翰林應奉，未上而卒。劉炳至正中從軍於浙，朱元璋起淮南，獻書言事，用為中書典籤。洪武初累升大都督府掌記，出為東阿知縣，閱兩考，以病告歸。久之卒，年六十九。生平事蹟見《明史》卷二百八十五（附王冕傳後）、《明詩紀事》第三五〇頁（甲簽卷十七）等。

　　《明人傳記資料索引》第八三七頁作「劉昺」，其按語云「《明史》作劉炳，實誤」，不知何據；又《中國文學大辭典》第八一一頁亦作「劉昺」。而《明史》《明詩綜》《列朝詩集小傳》《江西通志》《四庫全書》集部六《劉彥昺集提要》等均作「劉（或鎦）炳」。《江西歷代文學藝術家大全》第六一九頁採用此說，作「劉炳」。今存以待考。

　　劉炳有《劉彥昺集》九卷，卷八為《南詞》，惜陰堂裁為《鄱

陽詞》。

其詞現存十九首，題材較為廣泛，舉凡懷舊、懷古、送別、贈答、祝壽、節令等，均有涉獵。

劉炳有關節令的詞較多，如寒食、重陽、端午、元夕、中秋等在詞的標題中均一一注明，往往通過節令風物的描繪，或懷古懷舊，或寄贈送別，在今昔對比中抒情寫意。如《浪淘沙·寒食》：

> 野土牆斜。桃李桑麻。紙錢飛處亂啼鴉。祭餘攜酒去，寒食野人家。苑樹憶天涯。遺恨琵琶。銅駝衰草臥龍沙。漢寢唐陵無麥飯，暮雨梨花。

上片寫寒食節農家拜掃祭祖的場景，殘垣石徑，桃李桑麻，紙錢飛掛，黃昏啼鴉，夕陽西下，一片荒涼悲凄的氛圍；下片寫漢唐皇家陵寢無人祭掃的情景，末兩句化用了宋劉克莊《寒食清明》「漢寢唐陵無麥飯，山蹊野徑有梨花」詩意。全詞借景抒情，以桃李、梨花的豔麗反襯陵寢的慘敗荒涼，以樂景寫哀，倍增其哀。又如寫重陽節的兩首詞：

> 又景物，是重陽。甚雨暗東籬，數枝青蕊，未放秋香。揩筇倦登高處，掩柴門、衰柳映橫塘。日暮江聲裊裊，西風鬢影蒼蒼。
>
> 當年歌舞翠紅鄉。一曲杜韋娘。曾擊碎珊瑚，玉人扶醉，銀燭成行。回頭已成陳跡，早歸來、茅屋石田荒。謾把

清樽遣興，都非少日疏狂。(《木蘭花慢·辛酉九日》)

　　溪頭柳。青青折贈行人手。行人手，最傷心處，西風重九。陽關一曲長亭酒。停鞭欲去仍回首。仍回首。少年離別，老來依舊。(《憶秦娥·送別》)

　　前者懷舊，後者惜別。前者由眼前的「茅屋石田荒」「西風鬢影蒼蒼」追懷昔日的「疏狂」，感慨萬千，懷舊之情可掬；後者由折柳贈人、黯然神傷到陽關勸酒、停鞭回首，從少至老，依然如故，惜別之情真摯感人。節令題材的詞還有《鳳凰台上憶吹簫·丁巳中秋感舊》《水龍吟·己巳端午》《水調歌頭·禁城春闈元夕》等。

　　寄贈之詞如《滿江紅·寄水北山人徐宗周》：

　　　　水北幽居，抱柴門、一溪寒玉。山萬疊、青林當戶，白雲連谷。乳燕落紅春又晚，桑麻三徑多松菊。喜新晴、布穀又催耕，秧分綠。床頭酒，何時熟。謀諸婦，明朝漉。謾黃雞炊黍，共邀鄰曲。舊夢風雲銷俠氣，繁華看破知榮辱。系扁舟、罷釣晚歸來，書還讀。

　　此詞通過對水北山人徐宗周的山居環境及生活的描繪，再現了山人的閒情逸致，表達了詞人的豔羨之情，風格平淡自然。

三、張宇初

　　張宇初（1359-1410），字子璇，賜號無為真人，嗣漢四十三

代天師，貴溪人。洪武十年（1377）襲掌道教，建文時坐不法，奪印誥，明成祖即位，復之。曾受道法於長春真人劉淵然，後與淵然不協，相詆訐。永樂八年卒。生平事蹟附見《明史》卷二百九十九其父張正常傳、《江西通志》卷一〇四等。

　　天師第幾代及襲封的時間考證。《明詩綜》《千頃堂書目》均作四十二代，誤。考《明史》卷二百九十九，四十二代天師乃其父張正常。又《弇山堂別集》卷十五《道教封爵之異》亦云「洪武中封張正常為正一教主，嗣漢四十二代天師」。故知其為第四十三代天師。

　　郭樹森、朱林《張宇初哲學思想研究》一文稱「至張宇初已傳至第四十三代。張宇初於洪武十三年（西元 1380 年）嗣教」[26]，襲封代數沒有問題，但時間似誤。考《四庫全書總目》卷一百七十《峴泉集四卷》提要稱「宇初字子璇，貴溪人，張道陵四十三世孫，洪武十年襲掌道教，永樂八年卒」。又《御定佩文齋書畫譜》卷四十四「張宇初」條引《書史會要》云「天師張宇初，字子璇，五歲讀書十行並下。洪武十年方髫卝襲掌道教，篇章翰墨，各極精妙」，《御選宋金元明四朝詩・御選明詩》姓名爵里八「羽流衲子」條亦同。《江西歷代文學藝術家大全》採用是說，稱「洪武十年（張宇初）父逝，他承襲父號執掌道教」。

　　張宇初有《峴泉集》四卷，詞附其中，惜陰堂裁為《峴泉

26　郭樹森、朱林：《張宇初哲學思想研究》，《江西社會科學》，1991 年第 6 期，第 60 頁。

詞》。其詞現存十二首，大多反映其道流生活。如《沁園春·登真》《水調歌頭·法海》《無俗念·參究》《水調歌頭·內功》《蘇武慢·消閒》《滿庭芳·山房》等，反映了與道徒的交往與道教修煉的情景，時雜道教語詞，但並未流於晦澀說教。有些詞作頗有可讀之處，如《風入松·問學》：

> 十年燈影夜相親。寒暑迭催頻。短窗幾度停犀管，殘編盡、知味何人。簾外雪深風緊，梅花偏旺詩神。千經萬史足經綸。學業志彌淪。天根月窟向今古，文章事、多少迷津。收斂虛靈瑩徹，杖藜隨處陽春。

上片寫十年寒暑頻催，燈影相伴，在研讀詩歌與作詩中度過；下片寫研讀經史，學業經綸，徜徉今古文章瀚海，遭遇多少迷津，但最終「虛靈瑩徹」，「隨處陽春」。把學問修養與道教修行融為一體，詞境渾然，富有理趣。

又如《酹江月·江潮》，寫月夜江潮的美景和道人的林泉高致，境界空闊，風格清曠。

參考文獻

1. 胡應麟：《詩藪》，上海古籍出版社，1979 年版。

2. 《明史》，中華書局 1974 年版。

3. 饒宗頤初纂，張璋總纂：《全明詞》，中華書局，2004 年版。

4. 宋佩韋：《明文學史》，上海商務印書館，民國二十三年版。

5. 《四庫全書總目提要》，河北人民出版社，2000 年版。

6. 沈德潛輯，周准校：《明詩別裁集》，上海古籍出版社，1979 年版。

7. 王昶輯，王兆鵬校：《明詞綜》，遼寧教育出版社，1997 年版。

8. 朱彝尊輯：《明詩綜》，中華書局，2007 年版。

明前期江西詩詞

　　自明永樂至成化年間，在文壇占主導地位的是「臺閣體」。臺閣主要指當時的內閣與翰林院，又稱為「館閣」。臺閣體則指以當時館閣名臣「三楊」（楊士奇、楊榮、楊溥）等為代表的一種文學創作風格。

　　臺閣體的產生，除了統治者的提倡、好尚與臺閣大臣們的迎合、諛揚的因素外，還有相對承平的治世之類的社會環境因素。

　　楊士奇於永樂朝簡入內閣，並於洪熙朝和宣德朝成為內閣首輔，恰逢「仁、宣致治」之世，明代臺閣體的開宗立派之任也就自然而然地落到他的肩上。明代洪武、永樂朝殺戮過重，不利於臺閣體的生長，故雖有臺閣之作而不成流派。而仁、宣兩朝，卻為臺閣體成為一大流派準備了溫床，故明代臺閣體的高潮正在這一時期。

　　在臺閣體作家中，江西籍占大多數，故我們把明代臺閣體看成是江西的文學流派[1]。在臺閣體鼎盛時期，江西籍臺閣體作家

1　參見李精耕《明代「臺閣體」的相關問題淺探》，《甘肅社會科學》，

主要有胡廣、金幼孜、王直、王英、周述、陳循、周敘、李時勉、劉球、錢習禮、曾鶴齡、蕭鎡、劉定之、彭時等；而在衰落時期的代表作家主要有彭華、謝（王）一夔、彭教等。他們的詩歌多應制、應酬之作，內容大多頌聖頌太平，風格平正雍容，具有較明顯的臺閣氣象。這些作家大多身居臺閣，或居高位，而且文學功底與修養都較為深厚，發為詩文，多辭氣安雅、紆徐平和。臺閣體作為一種文學現象，有其存在的合理性，對它不能一概否定，畢竟它也是上層文士社會生活與文學觀念的反映，藝術技巧也較為嫻熟。只是因為題材的相對狹窄與風格的雷同，容易使讀者對它產生審美疲勞而已。

　　此外，明代前期也有些作家，雖然身居臺閣或居高位，卻能不囿於臺閣體，較少受到臺閣體的影響，他們的創作表現出與臺閣氣象稍殊或迥異的特點。代表作家有解縉、二梁兄弟、陳誠、余學夔、李昌祺、曾棨、童軒、胡儼、聶大年、左贊、張升等。如解縉，在永樂朝第一批簡入內閣，但詩歌豪放飄逸，有近似李白的一面；梁潛，古詩高處逼晉、宋，文章清雋而有縱橫浩瀚之氣；陳誠，其紀行詩歌反映異域風情及苦寒的氣候，在明代詩歌中別具一格，甚至具有「詩史」般的意義；狀元作家曾棨，詩歌尤雄放清麗，出入盛唐諸大家，文章爛漫，頗似解縉；童軒，詩歌不僅題材廣泛，而且各體皆備，得唐人之體致；胡儼，詩歌詞旨高遠，寄托遙深，近劉崧等人的西江一派；聶大年，詩歌俊美

灑脫，不同凡俗，小詩頗有韻致；左贊，詩歌質樸清淺，文章溫然可愛。

　　同時，還有一批以理學名家的作家，他們的詩文風格離臺閣體較遠。代表作家有兩類：一是崇仁學派作家，主要有吳與弼、胡居仁、婁諒等；二是諸儒學派作家，主要有何喬新、羅倫、張元禎、張吉、楊廉等。他們的詩文或多涉理路，有近似宋儒作家的一面；或不拘一格，另闢新路。如吳與弼，詩文皆淳實近理，無後來滉漾恣肆之談；張元禎，詩文樸素無華，亦刻意模擬宋儒，得其形似；張吉，詩文皆篤實平正；何喬新，詩多詠史懷古之作，風格慷慨悲涼；羅倫，詩磊砢不凡，文章饒剛毅之氣。

　　最後，還有兩位身份很特殊的作家，即周忱與況鐘，他們有很好的經濟之才，且特別廉潔奉公，對「仁宣之治」來說，可謂功莫大焉。他們都有文集傳世，雖然他們的詩歌成就不算太高，但對明代江西作家來說，是很獨特的代表。

　　此時的詞壇，江西作家主要有梁寅、劉炳、張宇初、胡儼、楊士奇、解縉、李禎（昌祺）、王直、陳循、聶大年、彭華等，作品數量最多的是梁寅和李禎，超過四十首。其中，成就較高的是梁寅、劉炳、李禎和聶大年等。

第一節 ▶ 臺閣體前期詩人楊士奇

一、臺閣體盟主楊士奇

　　楊士奇（1365-1444），名寓，以字行，號東里，泰和人。早

孤，力學，授徒自給。建文初，與修《太祖實錄》，用薦徵授教授，當行，王叔英復以史才薦，遂召入翰林，充編纂官。尋試吏部第一，授吳王府審理副，仍供館職。成祖即位，改編修，簡入內閣，典機務，進侍講，累官左春坊大學士，進少保、少傅。仁宗即位（1425），擢禮部侍郎兼華蓋殿大學士，歷兵部尚書。宣宗朝至英宗初，一直為內閣首輔。宣宗崩，英宗即位，方九齡。正統之初，朝政清明，士奇之力居多。三年（1438），《宣宗實錄》成，進少師。四年乞致仕，不允，敕歸省墓。未幾，還。以子楊稷下獄憂，九年三月卒，年八十。贈太師，謚文貞。生平事蹟見《明史》卷一百四十八、《抑庵文集》卷十一王直撰《少師泰和楊公傳》等。

楊氏著有《三朝聖諭錄》《楊氏家乘》《西巡扈從紀行錄》《文淵閣書目》《文籍志》《東里集》等，四庫錄其《東里集》九十七卷，《四庫全書存目叢書》集部第二十八冊錄其《東里文集》二十五卷（明刻本），另錄所編《歷代名臣奏議》三百五十卷。

楊士奇的著述豐富，為臺閣體的「三楊」之一，且以他為典型代表。正如錢謙益所說「國初相業稱三楊，公為之首。其詩文號臺閣體」[2]，楊士奇既為首輔，又主一代之文柄，為臺閣體的領軍人物，故其詩文有開宗立派之意義。其「文章特優，制誥、碑版多出其手。仁宗雅好歐陽修文，士奇文亦平正紆餘，得其彷

---

2 錢謙益：《列朝詩集小傳》，上海古籍出版社，1983 年版，第 162 頁。

佛，故鄭瑗《井觀瑣言》稱其文典則無浮泛之病，雜錄敍事極平穩不費力，後來館閣著作沿為流派，遂為七子之口實。然李夢陽詩云『宣德文體多渾淪，偉哉東里廊廟珍』，亦不盡沒其所長。蓋其文雖乏新裁而不失古格，前輩典型，遂主持數十年之風氣，非偶然也」[3]。

楊士奇《東里集》九十三卷，收入文淵閣本《四庫全書》，其中詩歌共十二卷[4]，計 2037 首（其中《東里文集》中雜有 2 首四言詩），其中四言詩（含辭）47 首、五言古 243 首、七言古及雜言詩 117 首、五律 246 首、五排 21 首、七律 330 首、七言長律 3 首、五絕 166 首、六絕 13 首、七絕 832 首、集句 17 首。從數量上看，是「三楊」中詩歌作品最多的，是楊榮詩歌的 5 倍，是楊溥的 4 倍。《皇明西江詩選》錄其詩 91 首，《列朝詩集》錄 31 首，《明詩綜》錄 17 首，《江西詩徵》錄 48 首，《明詩紀事》錄 8 首。

楊士奇詩歌題材廣泛，主要有應制頌聖、題贈酬唱、寫景狀物、題詠送別、抒懷寫意等。應制詩如《應制兩詠》中的《五色鸚鵡》和《白鳩》：

異質超同類，光輝五色並。非關憐巧語，所重表文明。
香粒金為勺，甘泉玉作罌。君恩無限好，能忘隴山情？

3　《四庫全書總目提要》卷一百七十，第 4421 頁。
4　《東里集》中詩 3 卷、《續集》中詩 9 卷。

（《五色鸚鵡》）

　　本與鳳同類，名官自昔時。蕭蕭閒雅意，皎皎潔清姿。金屋看尤好，瓊林息正宜。和鳴致甘雨，豐歲足公私。（《白鳩》）

　　這兩首應制詩，吟詠的對象是五色鸚鵡和白鳩鳥，主題是歌頌太平盛世，確實有頌聖的意味，但是並非如批評者所言應制詩都是沒有真情實感的。前一首詩，先寫五色鸚鵡美麗的羽毛和超乎同類的技能，它不單是巧語學舌令人愛憐，更重要的是從鸚鵡身上看見文明教化之功；次寫鸚鵡所受到的優厚生活待遇，過著金玉般的生活；最後點題，「君恩無限好」，看似頌聖，但「能忘隴山情」的反問，則別有深意：對於鸚鵡來說，宮廷的生活條件再好，也不如在山林的生活自由自在，哪裡能忘懷山林之樂呢？這與歐陽修《畫眉鳥》中「始知鎖向金籠聽，不及林間自在啼」有異曲同工之妙。此詩於頌聖應題之餘飽含詩人對鸚鵡失去自由的同情。後一首詩，先寫白鳩與鳳同類的高貴出身，次寫其美麗皎潔的身姿與閒雅的意趣，再寫其棲息環境的優越，最後點題，白鳩和鳴而致甘霖，給國家和百姓都帶來豐年。「豐歲足公私」，頌太平而不忘豐歲及於百姓。兩首詩都有詩人「民胞物與」的博大情懷，誰能說不真摯？故楊溥（字弘濟）云：「東里歌頌太平，未嘗不致儆戒之意。至於觸物起興，莫不各極其趣。體制

音響，皆發乎性情，非求之工巧者比。」⁵

另外，在詩歌風格上，二詩正體現了臺閣體的共同特點：平正典雅、雍容平易，具體表現為性情平正，繼承風雅的詩教傳統，氣度雍容博大，語言平易。又如《早朝應制》：

> 天香初引玉爐熏，日照龍墀彩仗分。閶闔九重通御氣，蓬萊五色護祥雲。班聯文武齊鵷鷺，慶合華夷致鳳麟（自注：是日南夷貢麟）。聖主臨軒萬年壽，敬陳明德贊堯勳。

這是典型的臺閣體詩，內容為應制頌聖，風格平正典雅，氣度雍容。再如《賜文淵閣五色菊一本應制》：

> 一簇秋香護錦屏，聯芳競彩自天成。何須芝瑞矜三秀，已似奎躔聚五星。開處正當彤陛好，賜來還稱玉堂清。世傳此植能頤壽，萬歲千秋祝聖明。

以題詠所賜文淵閣五色菊入手，歸結到祝聖萬年壽，仍然不脫頌聖主題，風格亦大體與上所舉類似。其他如《侍從海子飛放應制五首》《侍游西苑應制九首》《從游西苑》《扈從巡邊至宣府往還雜詩六首》等，均為臺閣之作。由於此類詩在《東里集》中所占比例較大，故難免有雷同之弊。徐泰（字子元）云：「東里

格調清純，實開西涯之派。」6

徐泰認為士奇詩歌格調清純，實開李東陽一派，是就其臺閣體詩而言的。東陽於詩倡音聲格調之說，力矯臺閣體之弊，而實為楊士奇之後臺閣體之代表人物，故張慎言曰「至長沙李文正出，倡明其學，權復歸於臺閣」7。

題贈酬唱詩如《寄尤文度》：

苦憶尤參議，投簪養病勞。卑棲人總厭，閒散自能高。廚卻胡奴米，門深仲蔚蒿。平生冰雪意，猶足重吾曹。

寫尤文度參議的精神意趣，得其要領。而《題少保楊澹庵江鄉歸趣圖》《題鄂渚贈別圖送人歸盧陵二首》等題畫詩，除再現了圖畫的意境之外，也寓含詩人的性情意趣。對於「早未聞道，既溺於俗好，又往往不得已而應人之求，即其志之所存者無幾」8的題贈詩，也應作出恰當的評析，不宜一概而論。

寫景狀物之詩在《東里集》中也不少見。如《江上早行》《三十六灣》等，寫江南水鄉，都細膩傳神。其他如《高郵》《任丘道中》《晚次景州遇李頎給事呂文質進士》《題劉士皆雲林小畫》《發淮安》等，都以寫景狀物的細膩生動而見長，詩風質樸自

---

6 朱彝尊：《明詩綜》卷十九「楊士奇」條，《四庫全書》本。

7 張慎言：《何文毅公全集序》，《明文海》卷二百五十三，《四庫全書》本。

8 朱彝尊：《明詩綜》卷十九，《四庫全書》本。

然。

送別詩如《送給事中姚山赴河南僉憲》《送胡元節廣西憲使》等，對即將赴任的友人充滿期待與讚許，不見惜別之離愁。又如《送尤文度歸吳中》：

> 我友整遐裝，誓將起旋歸。平明發城邑，率彼東路馳。爰與二三子，祖餞臨郊岐。中觴趣分袂，恨恨使我悲。嚶鳴求其友，竊慕《伐木詩》。平生攜手好，何為中化離。行當阻川岫，安得睹光儀。情敦思苦深，久要諒不遺。各言崇令德，庶保黃髮期。

這首五言古詩雖同為送別詩，卻有不同意趣，感情真摯，離愁別恨充斥於字裡行間。

抒懷寫意的詩歌如《清明有感》：

> 西江南望渺天涯，歲歲清明不在家。蕩日飄風無定著，亂人情思是楊花。

寫清明節羈旅行役之感與鄉思之愁；《入薊州界》《邠州城下夜雨》《聞角》等，都是寫鄉愁，卻有不同寫法：或以看山、題詩排遣鄉愁，或以孤舟夜雨未成眠寫鄉愁，或以對月聞角而流淚、梅柳交替等意象寫深深的鄉愁，皆清新自然，明白曉暢，情真意切，令人感動。這類詩與他的臺閣體詩不同，寫的是山林或水鄉或邊地之景與天真之趣，與盛世雅音大異其趣。

楊士奇特別推崇盛唐詩，原因在於盛唐詩反映了盛唐氣象，而在士奇的心中，仁、宣之治與盛唐盛世是相似的。同時，士奇還特別推崇杜甫，因為杜甫愛君憂國、傷時憫物的博大情懷以及平正的性情與自己有相似之處，故士奇詩風平正典雅，多治世雅音，關乎教化。

他的近體詩學杜甫，他的五言古詩接近漢魏詩風，故李東陽（字賓之）云：「楊文貞公亦學杜詩，古樂府諸篇，間有得魏晉遺意者。」[9]如《早度清流關》等詩，寫景氣象闊大，對仗工整，頗似杜詩，故《西江詩話》評士奇之詩「清真麗則，悠然而有餘思，逼真唐人氣格，殊非苟學所能到者」[10]；《雜詩三首贈陸伯陽》《漢江夜泛》《古樂府同陸伯陽作》（十首）、《游東山》等詩，就頗有魏晉遺韻，故沈德潛等稱「胚胎晉、宋，端厚不佻」[11]。

對楊士奇的詩歌，也有人提出批評的意見，如王世貞云：「楊東里如流水平橋，粗成小致。」蔣一葵云：「少師韻語妥協，聲度和平，如潦倒書生，雖酬酢雅馴，無復生氣。」前者批評其詩局促淺易而「乏充拓之功」[12]。又何喬遠《文苑記序》云「士奇臺閣之體，當世所推。良以朝廷之上，但取敷通，亦由揆端之

---

9 《麓堂詩話》，《歷代詩話續編》下冊，中華書局 1997 年版，第 1385 頁。

10 裘君弘：《西江詩話》卷七，《續修四庫全書》第 1699 冊，上海古籍出版社，1997 年版，第 541 頁。

11 沈德潛、周准編：《明詩別裁集》卷三，第 60 頁。

12 陳田：《明詩紀事》第二冊引，第 625 頁。

務，未遑該洽。相沿百餘年，有依經之儒，而無擅場之作」**13**，似譏其稍涉淺顯；後者批評其詩單調而無生氣，指出其詩之不足，也並非空穴來風。

第二節 ▶ 臺閣體後期詩人劉定之

劉定之（1409-1469），字主靜**14**，號呆齋，永新人。劉髦之子。幼有異稟，日誦數千言。正統元年（1436）會試第一，殿試及第，授編修。十三年，其弟劉寅之與鄉人相訐，辭連定之，下獄，得白，秩滿，進侍講。景帝即位，建言十事，多被採納。三年，遷洗馬。久之，遷右庶子。天順改元，調通政司左參議，仍兼侍講。尋進翰林學士。憲宗立，進太常少卿，兼侍讀學士，直經筵。成化二年十二月，以本官入直文淵閣，進工部右侍郎，兼翰林學士。五年卒於官，年六十一。贈禮部尚書，諡文安。生平事蹟見《明史》卷一七六、《國朝獻徵錄》卷一三彭時撰《劉公神道碑》等。

劉定之謙恭質直，以文學名一時，人服其敏博。著述頗豐，有《呆齋集》《易經圖釋》《宋史論》**15**《否泰錄》《文安策略》等，

---

13 裘君弘：《西江詩話》卷七，《續修四庫全書》第 1699 冊，第 541 頁。

14 按：《欽定四庫全書總目》卷七作「主敬」，疑誤，從《明史》卷 176，本傳，作「主靜」。

15 《四庫全書總目》卷八十九作《宋論》，《四庫全書總目》卷一百二十六亦同。

《續修四庫全書》集部第一三二六冊錄《劉仲修先生詩文集》八卷（影印清抄本），《四庫全書存目叢書》集部第三十四冊錄其《呆齋前稿》十六卷《存稿》十卷《續稿》五卷《劉文安公呆齋先生策略》十卷《年譜》一卷（明刻明萬曆二十二年楊一桂補刻本）（《策略》《年譜》，清劉世選刻本）。「李東陽《懷麓堂詩話》曰：『劉文安公不甚喜為詩，縱其學力，往往有出語奇崛、用事精當者，如《英廟挽歌》《石鐘山歌》等篇，皆可傳誦，讀者擇而觀之可也。」[16]

　　劉定之其詩，《列朝詩集》錄六首，《明詩綜》錄一首，《江西詩徵》錄七首，《明詩紀事》錄三首，《御選明詩》錄一首。如《裕陵挽詞》[17]：

　　　　睿皇厭代返仙宮，武烈文謨有祖風。享國卅年高帝並，臨朝八閏太宗同。天傾玉蓋旋從北，日昃金輪卻復中。賜第初元臣老朽，負恩未報泣遺弓。

　　內容為頌聖，詩風平易，有臺閣詩之特點。另據《殿閣詞林記》卷十三載「成化初，學士劉定之應制賦《元夕詩》絕句百首，頃刻而成。又嘗以東風解凍、春山雪霽等為題，命翰林學士等分詠之」，劉定之擅作且好作應制詩，應該不用懷疑。這些詩

16　《四庫全書總目》卷一百七十五，文淵閣《四庫全書》本。
17　即《英廟挽歌》，據明李東陽撰《懷麓堂詩話》。

大抵都是臺閣體之作，詩風平易雍容。

此外，劉定之詩歌也有語言奇崛、用典精當的，如《五台行（詠梁唐晉漢周）》五首：

　　紇干山頭雀凍死，午溝蛇化為龍起。禪代不侍九錫來，二晉醉投雙陸子。出警入蹕東西京，猶上繁台自閱兵。群姬麏聚那能辯，諸侯麕至誰能爭。天道好還信豈偶，夜環殿柱仍三走。祿山仰空若豬屠，翟讓僕地如牛吼。（之一《繁台》）

　　莊宗戰敗登愁台，酒酣四顧悲風來。野人獻雉味徒美，壯士騎馬顏如灰。可憐昔日英雄才，夾河喋血馳風雷。勝兵百萬使臂指，伶官數十為禍胎。蕭蕭落葉墓門棘，獨眼龍眠墓中泣。生兒但作鬥雞豪，琵琶火消髑髏赤。（之二《愁台》）

　　穹廬拜受白貂裘，身披入洛垂藻旒。甘呼高鼻胡作父，豈料大目兒為仇。兒無遠略浪戰爾，紗帽迎降淚如洗。總將血屬入虜塵，但揚骨灰隨漢鬼。建州耕獲風霜寒，猶想沙台射鹿還。殿前金刀割兔肉，門外雕戈來可汗。（之三《沙台》）

　　白晴黑面沙陀劉，乘時虎視吞九州。龍床繼拱兩父子，鳳歷才逾四春秋。湘陰登樓求死所，大原建廟依皇祖。髯王陣敗憤世仇，獨跨黃騮泣山雨。歸來撫劍自悲歌，無兒送老如愁何。薛甥繼了何甥繼，卻向北台降宋帝。（之四《北台》）

　　　　銅台建節亦已好，猶愛金門乘羽葆。盡捐骨肉換尊榮，
　　花項皮枯雀兒老。瓦棺紙衾瘞姑公，黃旗紫蓋從柴宗。共誇
　　英主開中夏，倏見寡母遷西宮。當時只有范丞相，慣識征誅
　　與揖讓。九烏迭落須臾間，又扶紅日一輪上。（之五《銅
　　台》）

　　以上五首均借詠史以詠懷，詩風慷慨悲涼，與臺閣體頗異其
趣。

第三節 ▶ 臺閣體以外的詩人解縉

　　解縉（1369-1415），字大紳，吉水人。縉幼穎敏，洪武二十
一（1388）年進士，授中書庶吉士。太祖一朝特見親寵。惠帝時
用董倫薦，為翰林待詔。成祖入京師，擢侍讀。與黃淮、楊士
奇、胡廣、金幼孜、楊榮、胡儼並直文淵閣，預機務。尋進侍讀
學士，奉命總裁《太祖實錄》及《列女傳》。永樂二年（1404），
皇太子立，進翰林學士兼右春坊大學士。五年，縉坐廷試讀卷不
公，謫廣西布政司參議，改交趾。八年，縉奏事入京，值帝北
征，縉謁皇太子而還。漢王進讒言，成祖震怒，逮縉下獄。十三
年，錦衣衛帥紀綱上囚籍，成祖見縉姓名曰：「縉猶在耶？」綱
遂醉縉酒，埋積雪中，立死。年四十七。籍其家，妻子宗族徙遼
東。縉少登朝，才高，任事直前，表裡洞達。引拔士類，有一善
稱之不容口。然好臧否，無顧忌，廷臣多害其寵。又以定儲議，
為漢王高煦所忌，加之議征安南事忤上意，遂致禍。生平事蹟見

《明史》卷一百四十七、《國朝獻徵錄》卷十二無名氏撰傳等。

解縉著述多散失，有《解學士奏議》《春雨齋集》《文毅集》《古今列女傳》（與人合編）《永樂大典》（任總裁官）等，四庫錄其《文毅集》十六卷和奉敕與人合編的《古今列女傳》二卷以傳。

解縉才名冠絕一時，學積尤富，發為詩文，多率意而為。古體詩豪縱放逸，一自胸中流出，譬之長江大河一瀉千里，覽者為之心驚目駭。四庫館臣對解縉其人其文所作評述較為精準：

> 縉才氣放逸，下筆不能自休，當時有才子之目，迄今委巷流傳其少年夙慧諸事。率多鄙誕不經，故李東陽《懷麓堂詩話》謂其詩無全稿，真偽相半，蓋出於後人竄亂者為多。然其中佳句間存，亦復不減作者。至其奏議如《大庖西封事》《白李善長冤》諸篇，俱明白剴切，黃汝亨《狂言紀略》詆其文義繁縟，使當賈長沙直是奴隸，苛矣。[18]

《皇明西江詩選》錄其詩三十六首，《列朝詩集》錄十五首，《明詩綜》錄三首，《御選明詩》錄二十三首，《江西詩徵》錄二十九首，《明詩紀事》錄十二首。

解縉少年高才，洪武朝特受親寵，揮灑其詩，故詩風豪縱飄逸似李白；永樂朝首批簡入內閣，參與機務，於臺閣體興盛之時

18　《四庫全書總目》卷一百七十「文毅集十六卷」條，《四庫全書》本。

卻未受影響，即便頌聖、頌太平的詩篇，也豪氣不減。如《題山水》：

溪山有逸趣，蒼崕凌紫煙。遠峰落天半，中有飛來泉。蒼茫樓觀出林杪，丘園四顧居人少。夕陽往往見漁樵，古樹陰陰亂啼鳥。望中峰高雲錦張，如此溪山猶故鄉。玄潭觀裡三峰出，白鷺洲邊二水長。碧梧翠竹連江岸，菊潭秋嶼花爭亂。好景偏宜白日游，年華每被青春換。寄語溪山如有情，氤氳佳氣常鐘靈。山中美酒置千斛，待我歸來尋舊盟。

這首古體詩描寫山水，開篇四句大有李白「日照香爐生紫煙，遙望瀑布掛前川」之詩意，且豪放有氣勢。詩中時見壯麗之景，「蒼茫樓觀出林杪」，「望中峰高雲錦張」，「玄潭觀裡三峰出」；也時露豪放之氣，「山中美酒置千斛，待我歸來尋舊盟」。又如《中秋不見月》：

吾聞廣寒八萬三千修月斧，暗處生明缺處補。不知七寶何以修合成，孤光洞徹乾坤萬萬古。三秋正中夜當午，佳期不擬姮娥誤。酒杯狼藉燭無輝，天上人間隔風雨。玉女莫乘鸞，仙人休伐樹。天柱不可登，虹橋在何處？帝闇悠悠叫無路，吾欲斬蟾蜍碎玉兔。坐令天宇絕纖塵，世上青霄燦如故。黃金為節玉為輅，縹緲鸞車爛無數。水晶簾外河漢橫，冰壺影裡笙歌度。雲旗盡下飛玄武，青鳥銜書報王母。但期歲歲奉宸游，來看霓裳羽衣舞。

此詩設想之豐富、天界之描繪與意氣之豪縱都與李白詩歌近似。其他如《題吳山伍子胥廟》：

> 朝驅下越阪，夕飯當吳門。停車弔古跡，靄靄林煙昏。青山海上來，勢若游龍奔。星臨斗牛域，氣與東南吞。九折排怒濤，壯哉天地根。落日見海色，長風卷浮雲。山椒戴遺祠，興廢今猶存。香殘弔木客，樹古啼清猿。我來久沈抱，重此英烈魂。吁嗟屬鏤鋒，置爾國士冤。峨峨姑蘇臺，荊棘曉露繁。深宮麋鹿游，此事誰能論。因之毛髮豎，落葉秋紛紛。

寫伍子胥的英烈事蹟，豪氣縱橫。

解縉為詩，即便是頌聖、應制，也往往造語奇倔，氣勢如虹，正如裘君弘所言「學士集中頌凡數十首，渾灝昌博，各體具備」[19]。曾棨《巢睫集》亦云：「公為中書庶吉士，嘗應制《春雨詩》《養鶴賦》，操筆而成，造語奇倔……為文興至落筆數千言，倚馬可待，未嘗創稿。人以太白撰之。」[20]《國史唯疑》亦稱：「成祖自平胡、平安南，以及河清、麟見，騶虞、龍馬之祥，胡、楊、蹇、夏諸公皆撰為賦頌，惟解大紳作差可觀耳。」[21]

19　裘君弘：《西江詩話》卷七，《續修四庫全書》第 1699 冊。
20　陳田：《明詩紀事》第二冊，「解縉」條引，第 621 頁。
21　陳田：《明詩紀事》第二冊，「解縉」條引，第 621 頁。

但解縉的詩歌也確實存在率意而為、缺少錘煉的缺點，故「俞汝成云：解學士才冠一時，積學尤富，發為詩文，宜無與敵。乃多率意遣辭，不事磨煉，若信筆遊戲者。然蓋在國初，風會習尚使然也。穆敬甫云：解詩如塵起朱輪，風生綠幰，乃詩中貴游也。李時遠云：學士天質甚美，詞鋒甚銳，但少溫厚和平之氣」[22]。朱彝尊亦云：

> 學士詩敏捷，不大推敲，其言曰「寧為有瑕玉，莫作無瑕石」，其立意固如是矣。然就近體而論，如「細雨乍過西掖樹，熏風遙聽上林鶯」、「青山拍拍風沙滿，紅葉蕭蕭浦樹稀」、「三千歲後桃花老，二十四橋秋水通」、「天連銅柱蠻煙黑，地接珠崖海氣黃」、「粵女豔妝爭卉發，徭人村鼓共鳴銅」、「青山遠道遙相送，畫舫中流獨自歸」、「千家竹屋臨沙嶺，萬斛江船下石頭」，未嘗不符作者，亦何至叫囂隳突？若世所傳詠物諸詩，眾惡皆歸，皆由敏捷召之。乃知騕褭以迅驟為主，鷹隼以輕疾為妙，張純之言大非篤論。[23]

朱氏所評，過於苛求，倒是陳田的評語較為公允：

「大紳詩才氣縱橫，不暇收拾，流傳訛雜，又復過之。朱氏《詩綜》洗滌太淨，但錄寥寥短篇，不足見此公真面。今略廣為

22　《明詩綜》卷十九「解縉」條引，《四庫全書》本。
23　《明詩綜》卷十九「解縉」條引自《靜志居詩話》，《四庫全書》本。

甄錄，逸情勝概，可想見風流人豪也。」[24]

解縉《怨歌行》，錢謙益於題下注云「亦見《王虛舟集》」，故「李賓之（東陽）云：學士才名絕世，詩無全稿傳者，真偽相半，頓令觀者有『楓落吳江』之嘆」[25]。

第四節 ▶ 其他詩人

一、崇仁學派詩人

「崇仁學派」一說依據明黃宗羲《明儒學案》，以下涉及的所有學派名稱，均出自此。因它的開創人吳與弼為明代江西撫州崇仁人，故名。「大抵朱、陸分門以後，至明，而朱之傳流為河東，陸之傳流為姚江。其餘或出或入，總往來於二派之間。」[26]「河東」指薛瑄，「姚江」指王守仁。吳與弼之學源自薛瑄，而薛瑄之學又源自宋濂，而宋濂之學又源自元代吳澄，故吳與弼的理學屬於朱子一派。「然與弼之學，實能兼採朱、陸之長而刻苦自立。其及門弟子陳獻章得其靜觀涵養，遂開白沙之宗；胡居仁得其篤志力行，遂啟餘干之學。有明一代，兩派遞傳，皆自與弼倡之，其端緒未可盡沒。」[27]其最著名的弟子除此二人外，尚有

---

24 陳田：《明詩紀事》第二冊，第 622 頁。

25 《明詩綜》卷十九「解縉」條引，《四庫全書》本。

26 《明儒學案提要》，《四庫全書總目提要》第 1598 頁。

27 《四庫全書總目提要》卷一百七十「康齋文集十二卷」條，第 4441 頁。

婁諒，而婁諒再傳夏尚樸[28]。

吳與弼（1391-1469），初名夢祥，長改名，字子傳，號康齋，崇仁人。吳溥之子。十九歲時，於京師從楊溥學，見《伊洛淵源圖》，慨然向慕，遂罷舉子業。中歲家益貧，躬耕讀書，非其義，一介不取。四方來學者，教誨不倦。屢聘，堅辭不就。天順元年徵至京，授左春坊左諭德，以疏固辭，詔不許，留京師兩月，以疾篤請，終放還。成化五年卒於家，年七十九。《日錄》悉言平生所得。從其游者甚眾，胡居仁、陳獻章、婁諒、胡九韶、謝復、鄭伉等皆其弟子，學者稱其康齋先生。生平事蹟見《明史》卷二八二、《明儒學案》卷一《聘君吳康齋先生與弼》等。

吳與弼著有《康齋文集》《康齋日錄》，四庫錄其《康齋集》十二卷以傳。《四庫全書總目》卷一百七十「康齋文集十二卷」條稱其「詩文亦皆淳實近理，無後來滉漾恣肆之談。又不得以其急於行道，躁於求名，遂並其書而詆之也」；《讕言長語》稱「吳與弼作詩學性理，惟《杜鵑》詩有情景」[29]；婁克貞（諒）云「先生詩本乎情性，原於義理，發自得之蘊」[30]。

《列朝詩集》錄其詩二首，《明詩綜》錄三首，《御選宋金元

28　《明史》卷二百八十二《吳與弼傳》稱「其門人最著者曰：胡居仁、陳獻章、婁諒」；《江西通志》卷八十六「婁諒」條按語亦稱「吳康齋之門最著者，陳石齋、胡敬齋與婁一齋三人而已」。《四庫全書》本。

29　曹安：《讕言長語》，《四庫全書》本。

30　《明詩綜》卷二十七「吳與弼」條引，《四庫全書》本。

明四朝詩・御選明詩》錄三十四首，《江西詩徵》錄十四首，《明詩紀事》錄二首。吳與弼曾被征入京任職，故有的詩歌有臺閣體氣象。如《送饒提舉之官廣東》：

奉節承深寵，之官過舊鄉。親闈春廣大，宦路日舒長。嶺樹連云合，江流過雨涼。倚門應有望，雁信好頻將。

此詩雖是贈別之作，然離合間亦頌家國太平，清正雍容，且余味綿長。裘君弘特愛其中「親闈春廣大，宦路日舒長」一聯，並「嘗書為堂貼，懸雙棟間」[31]。此類詩在《康齋集》中並不多見。

吳與弼的詩歌質樸淳實，平淡自然。如：

日短前途遠，天寒問宿忙。亂雲迷望眼，細雨濕行裝。（《弋陽道中》）
連山桃李開，晴光爛如許。寧知明日花，不有今宵雨？（《黃嵐坑》）
野曠雲爭暝，江空雨未休。問程頻策馬，燈火宿湖頭。（《宿湖頭》）
靈台清曉玉無瑕，獨立東風玩物華。春氣夜來深幾許，

---

31 裘君弘：《西江詩話》卷七，《續修四庫全書》第 1699 冊，第 541 頁。

小桃又放兩三花。（《曉立》）

　　月色嬋娟夜正涼，偶然徐步稻花傍。籬多竹樹饒清蔭，池滿芙蕖有暗香。（《夏夜》）

　　斷續江村踏月行，誰家茅屋亂雞鳴？歡呼童僕愁迷道，時聽雲林遠近聲。（《早行馬上口占》）

　　夕陽歸馬正從容，出峽時迎入峽風。無數好峰羅遠近，朗吟身在翠屏中。（《牧歸途中作》）

　　船頭時作望鄉吟，難寫浮生去住心。忽忽不知為客久，誰家紅樹報秋深？（《舟中見紅樹》）

　　寫景狀物，頗見工巧，風格質樸自然，淳實近理，故裘君弘云「康齋聘君詩多味道之言，絕類宋儒，所作於風雅壇中又是一格……都有弄月吟風、傍花垂柳之至，想見其襟懷無一點渣滓也」[32]。

　　他的詩歌前後有所變化，少年時詩警惕激勵、謹慎工整，中年以來，詩風轉關，安閒放逸、活潑自然。前者如《即事》：

　　吟斷難成調，塵編重繹尋。興亡今古事，精一聖賢心。新月何時滿？寒蛩無數吟。夜深雙過鳥，猶自戀高林。

32　裘君弘：《西江詩話》卷七，《續修四庫全書》第 1699 冊，第 540 頁。

裘君弘評曰：「細玩詩中結語，寄托遙深，殊有宅仁而居、置身千仞之意。作詩時自注『永樂庚寅』，年十九，先生貴公子也。爾時見地便高如此，大儒之興豈偶然哉？」[33]

　　後來詩如《宿漸嶺》絕句：

　　　　漠漠暮林橫綠野，澄澄秋水映紅雲。遠來客舸依沙岸，獨犬一聲何處村。

　　詩人自跋云：「此辛丑歲歸自武昌詩也。」而編集者曰：「閱稿見之，因感此景何處無之，然必心中無事乃能見也。」[34]其安逸之狀躍然紙上。故《西江詩話》云：「細按先生集中，少壯詩惕厲意多，後來詩卻活潑意多，想見由勉而安氣象。言者心之聲，信哉！」[35]

　　至於《題聽松軒》云：

　　　　曾向高軒共好音，乾坤浩蕩境沉沉。恍然指下迷宮羽，不信人間有古今。瀑澗夜寒鳴雨歇，風林晝靜落花深。回看勝事已成夢，難寫淒涼一片心。

33　裘君弘：《西江詩話》卷七，《續修四庫全書》第 1699 冊，第 540 頁。

34　吳與弼：《康齋集》卷一《宿漸嶺》，《四庫全書》本。

35　裘君弘：《西江詩話》卷七，《續修四庫全書》第 1699 冊，第 540 頁。

　　所寫晚年「回看勝事已成夢，難寫淒涼一片心」的人生況味，也是真情流露。

　　總之，吳與弼雖然是理學大儒，詩歌難免「近理」，但沒有道學迂腐氣，相反，有不少詩還清新活潑。

二、諸儒學派詩人

　　何喬新（1427-1502），字廷秀，一字天笛[36]，號椒丘，廣昌人。何文淵之子。少聰穎，舉景泰五年（1454）進士，官南京禮部主事。後改刑部主事，歷廣東司郎中。天順間為湖廣布政使，為政以寬。成化初與彭韶同官，並有重名，一時稱「何彭」。四年，遷福建副使，十六年擢右副都御史，巡撫山西。孝宗嗣位，萬安、劉吉等忌喬新剛正，出為南京刑部尚書[37]。既而刑部尚書杜銘罷，弘治改元，用王恕薦，始代銘。銜恨者數摭他事誣陷，遂致仕。弘治十五年卒，年七十六。正德十一年，廣昌知縣張傑復請諡，乃贈太子太保，次年賜諡文肅。何喬新為人性剛介，寡與合。入仕即誓不營私，不阿權貴，不以愛憎為賞罰，守其誓終生不渝。掌刑曹，屬吏畏其嚴明，拒絕請托，或脅以禍福，皆不顧。生平事蹟見《明史》卷一八三、《國朝獻徵錄》卷四四蔡清撰《椒丘先生傳》等。

36　據《明詩綜》卷二十五，文淵閣《四庫全書》本。

37　《弇山堂別集》卷五十一「南京刑部尚書表」條作「成化二十三年任」。

何氏著有《椒丘集》《周禮集注》《策府群玉》《勳賢琬琰錄》《宋元史臆見》等，四庫錄其《椒丘文集》三十四卷及外集一卷以傳。《椒丘文集》三十四卷中，詩歌（附長短句）五卷，計三百四十五首，文二十九卷，計五百二十一篇。《四庫全書總目》卷一百七十稱「喬新不以文章名，而所作詳明剴切，直抒胸臆」。《御選明詩》錄其詩二首，《列朝詩集》錄五首，《明詩綜》錄四首，《江西詩徵》錄五十五首，《明詩紀事》錄五首。其詩多詠史懷古之作，風格慷慨悲涼。如《三台懷古》：

> 長安市中歌布乎，關東盟主推本初。帝胄崎嶇西入蜀，孫郎慷慨南吞吳。奸閹遺胤最桀黠，奮戈頓地地欲裂。黃雲倏起翳長空，黯黯炎精竟淪滅。輕車勁卒入鄴宮，袁家豚犬走遼東。燕姬趙女了無失，祇留妲己賜周公。三台高築漳河曲，勢擬未央與天祿。璇題翠瓦絢晴霄，傑閣危闌壓王屋。身都冀郡帝許昌，時來奉帝歸山陽。弱寡欺孤似狐媚，私心陳卻欲擬文王。成濟抽戈南闕下，崇基旋已歸司馬。穗帷豔骨已成塵，至今惟有當年瓦。西陵疑冢何累累，我來弔古增歔欷。欲呼斗酒招文舉，共論曹瞞弱漢時。

此詩描繪了一幅漢末、三國時期群雄逐鹿的歷史畫卷，時空背景較為闊大，慷慨悲涼。其詠史懷古詩還有《十樓懷古》[38]

《襄陽懷古》等，如陳田所言「尚書詩溫雅有則，澤古者深，與凡響自別」[39]。

另外，何氏還有一些題畫詩也屬於詠史懷古題材之類，如《題蘇李泣別圖》《題金人出獵圖》《題金章宗畫馬圖》《題幼安濯足圖》《題韓蘄王湖上騎驢圖》《題明皇秉燭夜遊圖》《題祖逖聞雞起舞圖》《題東波游赤壁圖》等，風格慷慨悲涼。而《虎丘夜泊》云：

> 千里歸帆下玉京，夕陽暫艤闔閭城。沉沉梵宇疏鐘吼，渺渺漁村遠火明。芳草空餘藏劍處，折楊猶聽踏歌聲。明朝又鼓吳江棹，遙想家山只數程。

則表達羈旅之思與似箭歸心，風格清新自然。《歸田述懷》描寫歸田生活之樂趣，也寫得清新自然。《山居觀物偶成作》四首的題材、風格也相似。值得注意的是，何喬新還有不少反映民生疾苦的現實之作，詩風淒厲哀傷。如《晉陽途次所見作六首》其一云：

> 采采槐牙不滿筐，婦姑踞地且同嘗。只愁四月槐牙老，從此貧家又絕糧。

《文選樓》《柴潭樓》《籌邊樓》。

[39]　《明詩紀事》第二冊「何喬新」條「田按」，第884頁。

農民在忍飢挨餓，甚至在死亡線上掙扎。《平陸所見》寫祖、父、孫三代相食，慘不忍睹；《錄村嫗言》寫村嫗賣女換豆苗卻遇大旱，面臨著被餓死的命運；《過故相第作二首》，則寫昔日車水馬龍的丞相府第，如今也「門掩西風畫不開，蚍蜉滿壁粉牆頹」，讓人不勝傷悲。

三、能臣廉吏詩人

周忱（1381-1453），字恂如，號雙崖，吉水人。永樂二年（1404）進士，自陳年少，乞進學文淵閣，與修《永樂大典》《五經四書性理大全》。尋擢刑部主事，進員外郎。洪熙間，調越王府長史。宣德五年九月，用大學士楊榮薦，遷工部右侍郎，巡撫江南諸府，總督稅糧。在巡撫任二十二年，頗有政績。景泰初以工部尚書致仕，四年卒於家，年七十三，諡文襄。陳田云：「甲申庶吉士進學文淵閣者二十八人，恂如自陳年少，得與其選，蒞吳有惠政，吳人思之不衰。篤於交誼，解大紳繫獄，交知絕跡，薪米之奉獨出恂如，大紳贈詩有『當時霜雪被滿野，惟見青青松樹枝』之句。」[40]周忱的事功與人品，於此可見一斑。生平事蹟見《明史》卷一五三等。

周忱「以經濟名世，詩非其所長」，「王行儉（直）云：『公詩文出入唐宋諸大家』」[41]。有《雙崖集》，《四庫未收書輯刊》

40 陳田：《明詩紀事》第二冊「周忱」條「田按」語，第734頁。
41 《明詩綜》卷二十「周忱」條，文淵閣《四庫全書》本。

集部第六輯第三十冊自二百四十七頁始錄其《雙崖文集》四卷。《皇明西江詩選》錄其詩二十九首，明曹學佺編《石倉歷代詩選》卷三百五十四《明詩初集七十四》錄二十六首，《列朝詩集》錄九首，《御選明詩》錄六首，《明詩綜》錄二首，《江西詩徵》錄二十八首，《明詩紀事》錄一首；《明文衡》選錄其文四篇。

　　周忱之詩臺閣之作為數不多，內容亦不出頌聖太平，詩風雍容清正，卻特色稍遜。如《元夕禁中觀燈應制》：

　　　　都城雪霽春融融，月輪皎潔當晴空。喜傳恩詔出三殿，洞達天門開九重……中官促宴酒如澠，群臣既醉天顏喜。覃恩不但遍朝堂，此夕歡娛同萬方。至仁覆育同天地，治化久矣趨虞唐。小臣幸濟升平世，傳柑幾度沾恩惠。願效三呼比華封，共祝皇圖千萬歲。

　　而周氏《雙崖集》真正多為的則是送別贈答，佳作如《蘄州送別易副使》：

　　　　江頭柳花白如雪，江上行人正催別。欲把長條贈遠行，蕩揚花飛不堪折。今年花飛猶去年，此時一去何時旋？含情再誦江淹賦，如在桃花潭水邊。望君重來在早晚，顧君不道蘄州遠。君看柳絮雖無情，猶自隨風逐飄轉。

　　以七言古詩形式寫送別題材，以柳花意象寓送別之意並點題，以柳絮飄飛意象作結，中間以江淹《別賦》和李白《贈汪

倫》詩意為典故，渲染離別之愁與惜別之情，貼切而自然。全詩情景交融，語言流暢，情韻婉轉悠遠，讓人一唱三嘆。類似題材的詩篇還有《送廖主事還南京》《送韓僉事赴廣西》《送劉昌會試》等，不一而足。

而《棄婦辭》是傳統的樂府題材，周忱亦有古題新作。詩寫因「丈夫有才常好新」而被拋棄的婦女，「將去復留情不捨」，臨去時「獨自登車無送者」，只能「吞悲惟恐路人知」。回想起出嫁到婆家後的生活，「淡妝不用畫蛾眉，朝採蠶桑暮機杼」，因操勞而樸陋，而被喜新厭舊的丈夫拋棄，「賤妾薄命何嗟怨」，她卻只能接受這種結果。而此刻棄婦居然還掛念著未完成的繰絲和婆家中午的飯沒人做，並希望新人能夠和自己一樣勤苦，「庶免高堂煩老姑」。她自己回娘家後無顏見鄰居，只好「獨掩寒閨雙淚垂」，也只是悔恨當初嫁得太匆忙，如今年紀老大。此詩以敘事為主，把棄婦勤勞而善良、老實而軟弱的性格特徵刻畫得較為成功，似於《詩經・氓》有明顯的借鑑痕跡。

況鐘（1383-1442），字伯律，號龍崗、如愚，靖安人。初為吏，永樂中用呂震薦授儀制司主事，遷郎中。宣德五年，用尚書蹇義、胡濙等薦，擢知蘇州府。正統六年，秩滿當遷，郡民二萬餘人走訴巡按御史張文昌，乞再任。詔進正三品俸，留任。正統七年（1442）卒於官，年五十九。生平事蹟見《明史》卷一六一、《況太守集》卷首所附年譜及卷一和卷三《太守列傳編年》等。

各明詩總集和選本均未見選錄其詩，《況太守集》錄二十五首。詩歌多酬唱贈答之作，如《周侍郎恂如先生撫民江南呈以致

賀》《龍岡八景詩》等，可見其不以詩歌擅長。其教育子侄及勸農的詩歌，有一定的反映現實的內容。

第五節 ▶ 明前期詞人

一、胡儼

胡儼（1361-1443），字若思，號頤庵，南昌人。少嗜學，於天文、地理、律歷、醫卜無不究覽。洪武中以舉人授華亭教諭，能以師道自任。丁母憂，服除，改長垣，乞便地就養，復改餘干。建文元年（1399），薦授桐城知縣。四年，副都御史練子寧薦於朝，比召至，燕師已渡江。成祖即位，以解縉薦，授翰林檢討，與縉等俱直文淵閣，遷侍講，進左庶子。永樂二年（1404）九月，拜國子監祭酒。十九年，改北京國子監祭酒。洪熙改元（1425），以疾乞休，仁宗賜敕獎勞，進太子賓客，仍兼祭酒，致仕。宣宗即位，以禮部侍郎召，辭歸。先後家居二十年，正統八年（1443）八月卒，年八十三。為館閣宿儒，朝廷大作多出其手，重修《太祖實錄》《永樂大典》《天下圖志》皆充總裁官。生平事蹟見《明史》卷一百四十七、明徐紘撰《明名臣琬琰錄》卷二十四楊溥撰《國子祭酒胡先生墓碑》等。有《頤庵集》，四庫錄其《頤庵文選》二卷以傳，惜陰堂裁為《頤庵詩餘》。

胡儼的詞都是令詞，沿襲中唐白居易等人詞的風格，篇幅短小，自然清新。題材較為狹窄，大抵沒有超出前人同題作品的範圍，涉及的詞牌不過四五種，或吟風弄月，或醉賞煙霞，或模擬

民歌內容。如《調笑令》《竹枝》《竹枝詞》《楊柳枝詞》等。其中，《竹枝詞》三首和《楊柳枝詞》四首，尤其清新可喜。如《楊柳枝詞》其三：

> 門外春風楊柳枝，去年折柳送郎時。車輪一去無消息，只有長條依舊垂。

以楊柳綰合送別，寫女子去年送郎時的依依不捨之情以及郎去以後「無消息」，如今只有柳枝依舊飄垂，今昔對比，表現郎的薄情與女子的多情，婉轉含蓄，耐人尋味。此外，寫得較好的詞如《三台令》：

> 樓上角聲嗚咽，天邊斗柄橫斜。酒醒風驚簾幕，漏殘月在梅花。

寫成樓畫角聲起，天邊斗轉星移；殘夜將盡之時滴漏聲起，大風吹動簾幕，醉後醒過來，月亮仍然掛在天上，月光灑落在梅花上。純以景寓情，詞境渾然，含蓄蘊藉。

二、李昌祺

李昌祺（1376-1451），名禎，以字行，盧陵人。永樂元年（1403）進士，選庶吉士。預修《永樂大典》，僻書疑事，人多問之。擢禮部郎中，歷廣西、河南左布政使，蒞政精敏，庭無留事，時以廉能稱。正統四年（1439）致仕歸里，家居十餘年，屏

跡不入公府，景泰二年（1451）卒，年七十六。生平事蹟見《明史》卷一六一、《國朝獻徵錄》卷九二錢習禮撰《李公墓碑銘》等。著有《剪燈餘話》《運甓漫稿》《容膝軒草》《僑庵詩餘》，四庫錄其《運甓漫稿》七卷以傳。明鄭瑗說：「李布政昌祺，人多稱其剛毅不撓，嘗觀其所著《運甓詩稿》，大抵浮豔不逞，不類莊人雅士所為，所謂根也欲焉得剛者也。」（《井觀瑣言》卷一）《禮部志稿》卷五十七《李昌祺》稱「其詩敏贍流麗，時輩稱之」。

　　其詞現存四十九首[42]，或借景抒懷，或直抒胸臆，題材較為廣泛，如送行題贈、祝壽自壽、自述人生、展示親情、描摹物態等，一應俱全。其中，自述人生的詞作達十二首之多，充滿人生況味；題贈酬答的詞十餘首，雖為應酬之作，但不乏真情及情趣的流露。自述詞如《鵲橋仙·自述》：

　　　　儒冠相誤。虛名相誤。衰病又還相誤。自憐身世總無成，干枉了、青春虛度。書生曾做。京官曾做。方面也曾親做。顛來倒去竟如何，只落得一貧如故。

　　自述人生境況，有嘆老嗟貧之音，況味頗深，真切感人。題贈詞如《臨江仙·題墨菊送陳知府行》：

42　據文淵閣《四庫全書》，其詞現存四十九首；而據《全明詞》，其詞現存 41 首。

一段秋光新寫就，盛開不待重陽，枝梢花葉互低昂。巧
將籬下豔，幻作畫中芳。為問淵明何獨愛，愛他晚節寒香。
從今移種上林旁。時時承雨露，歲歲傲風霜。

這是一首贈給知府陳行的題畫詞。上片點題，緊扣墨菊畫
意，盛贊畫家的巧妙畫技；下片轉入愛菊的陶淵明，突出菊花的
高潔和傲霜品質。人菊合一，畫家、詞人、知府均與陶淵明合
一，不即不離，含蓄蘊藉。雖為應酬之作，卻毫無委蛇拼湊。純
題畫詞如《柳梢青‧題秋塘圖》：

落盡芙蓉，收殘菱芡，晚色淒迷。斷荇隨流，枯荷折
柄，秋滿蘇堤。沙禽自在幽棲。極浦外、天連水低。粉墜蓮
房，波漂菰米，煙暝湖西。

全詞重在再現秋塘圖的畫意。上片透過殘荷寫秋色，色調淒
迷；下片通過煙波寫秋氣，彷彿只有幽棲的沙禽才有些生機，水
天相接，煙波浩渺，境界較為闊大。以抽象的語言再現具象的秋
塘圖的詩情畫意，難免不融入詞人對畫作的感受及審美情趣。

三、王直

王直（1379-1462），字行儉，號抑庵，泰和人。王伯貞之
子。自幼端重，家貧力學。永樂二年（1404）進士，改庶吉士，
與曾棨、王英等二十八人同讀書文淵閣。召入內閣，尋授翰林院
修撰。歷事仁宗、宣宗，累遷少詹事兼侍讀學士。正統三年，

《宣宗實錄》成。進禮部侍郎，學士如故。五年出蒞部事。景泰三年正月進少傅，旋進兼太子太師。天順六年卒，年八十四。贈太保，諡文端。在翰林二十餘年，稽古代言編纂紀注之事，多出其手。與金溪王英齊名，人稱「二王」，以居地目曰「東王」「西王」。為尚書十四年，年益高，名德益重。生平事蹟見《王文端集》卷三四自撰墓誌、《明史》卷一六九、《明名臣琬琰續錄》卷二李賢撰《尚書文端王公神道碑銘》等。有《抑庵集》，詞附其中，惜陰堂裁為《抑庵詩餘》。其詞現存十三首，既有惜花惜春的婉約詞，又有豪情滿懷的豪放詞。惜花惜春均為惜青春，美人遲暮與詞人自傷老大合一，妙用比興，情韻婉轉，如《青玉案·惜花》《青玉案·惜春》等。類似的婉約詞如《浪淘沙》：

風暖翠煙飄。殘雪都消。游絲百尺墜晴霄。可惜春光容易過，又近花朝。驅馬第三橋。芳意蕭條。竹林渾未放天桃。瘦盡城南千樹柳，不似宮腰。

寫雪消風暖之後翠柳如煙似霧，但柳葉易逝，繁花漸始，而花容亦不能長駐，也容易隨春光而凋落，顯出蕭條之色。結尾說，柳樹雖然如宮腰般消瘦，但無法取得人憐，尋味不盡。

王直詞作雖然不多，但不乏豪放詞。如《念奴嬌·中秋》：

淡云散盡，看長空萬里，湛然深碧，明月飛來霄漢表，遍地涼生金液。玉宇斜連，瓊樓對起，滉漾光相射。人間天上，不知今夕何夕。休信靈藥長生，兔毫先白，搗煉成何

益。試問嫦娥年幾許，遙想也非疇昔。且引尊罍，聊開懷抱，一飲拼千石。桂花香滿，免教辜負秋色。

上片寫中秋之夜天空的遼闊和明亮，讓人陶醉而不知今夕何夕；下片聯繫傳說中的月宮及其中的人與物而展開想像，說明靈藥不可信也無益，不如開懷暢飲，一醉盡興，不至於讓自己孤單而辜負了大好的秋色。時空境界闊大，豪情滿懷，意氣噴湧而來。人的一生，與其長生而孤單，不如短暫而美好，頗有新意。

而《酹江月》（碧空雲淨）為詞人七十四歲時所作，寫得清曠超然，則別是一種風格。

四、聶大年

聶大年（1402-1456），字壽卿，臨川人。聶同文之子，遺腹子。比長，博學，善詩、詞、古文。葉盛稱其詩為三十年來絕唱[43]，不免溢美[44]。兼善書、畫，書法得歐陽率更法。宣德末，薦授仁和訓導。母卒，歸葬，哀感行路。裡人列其母子賢行，上之有司，詔旌其門。服闋，分教常州，遷仁和教諭。景泰六年（1455）以修史征入翰林，次年病卒於任所，年五十五。生平事蹟見《明史》卷二八六、《國朝獻徵錄》卷八五王直撰《聶公墓

43　明葉盛：《水東日記》卷四「聶大年」條，《四庫全書》本。
44　《江西通志》卷一百六十一稱「其詩在國初頗為人傳誦」，較為可信。

誌銘》[45]等。

有《冷齋集》《東軒集》，「詩文散佚。弘治初，錢塘施昂為輯而刻於懷安官舍，題曰《東軒集》」[46]。惜陰堂裁為《東軒詞》，現存十首。其詞雖多為婉約詞，但風格明豔秀麗，如《卜算子》：

> 楊柳小蠻腰，慣逐東風舞。學得琵琶出教坊，不是商人婦。忙整玉搔頭，春筍纖纖露。老卻江南杜牧之，懶為秋娘賦。

上片寫歌妓女伶的曼妙身材和超群技藝，可想見其青春氣息及受歡迎的程度；下片寫歌女忙著整理玉簪，露出纖潤的手指，以動作突出其姿態美。末二句借用杜牧為杜秋娘作詩的典故，反襯詞人老邁懶散的心境。上片用了白居易為琵琶女作詩的典故，表明此歌女雖然才貌與琵琶女同樣超群，但「不是商人婦」，沒有琵琶女那樣悲苦的命運，所以下片接著寫歌女的美，而不是天涯淪落之感，詞人自然也就不用像當年杜牧看到又老又窮的杜秋娘時為其作詩而表達深深的同情了。以杜牧自況自比，因「老」而「懶」，其自傷老大之情也在情理之中。又如《卜算子》：

---

45 王直：《抑庵文集・後集》卷三十三《教諭聶大年墓誌銘》，《明文衡》卷八十八所錄均同。

46 裘君弘：《西江詩話》卷七，《續修四庫全書》集部第 1699 冊，第 546 頁。

粉淚濕鮫綃，只恐郎情薄。夢到巫山第幾峰，酒醒燈花
落。數日尚春寒，未把羅衣著。眉黛含顰為阿誰，但悔從前
錯。

全詞寫思婦的心理變化，很細膩傳神。上片寫思婦因相思而
淚濕紗巾，擔心情郎變心，以酒澆愁，因酒而醉，夢中與情郎歡
會，夢後酒醒，青燈相對，夜闌人不寐；下片接著寫女子的心
理，春寒尚料峭，無心試羅衣，整天皺著眉頭為誰呢，只後悔從
前自己愛錯了。再如《臨江仙·半道春紅》：

記得武林門外路，雨餘芳草蒙茸。杏花深巷酒旗風。紫
騮嘶過處，隨意數殘紅。有約玉人同載酒，夕陽歸路西東。
舞裙歌扇繡簾櫳。昔游成一夢，試問賣花翁。

追憶昔日與玉人相約賞春、游春及分別瞬間印象等情景，表
現了對伊人及美好過去的懷念。今昔對比，反襯今日的不如意。
昔游如夢般既短暫又美好，似真似幻，故向當年的賣花翁求證。

五、彭華

彭華（1432-1496），字彥實，號素庵，安福人。大學士彭時
之族弟，景泰五年（1454）會試第一。成化十三年任翰林院學
士，二十年任詹事，成化二十一年十二月，任吏部左侍郎兼翰林
學士，入閣，預機務，二十二年加太子少保，致仕。性深刻，多
計數，善陰伺人短，與萬安、李孜省相結，排斥異己，人皆惡而

畏之。得風疾卒，年六十五，謚文思。生平事蹟見《明史》卷一六八附《萬安傳》中、《國朝獻徵錄》卷一四《彭公墓誌銘》（李東陽《懷麓堂集》卷八十三《明故資善大夫太子少保禮部尚書兼翰林院學士贈資政大夫太子少保謚文思彭公墓誌銘》同）等。

關於其生年，《江西歷代文學藝術家大全》第七七七頁作一四三一年，誤。考《彭文思公文集》附錄《資善大夫太子少保禮部尚書兼翰林院學士贈資政大夫太子少傅謚文思彭公先生行實》云：「弘治九年十月六日疾加劇，遂不起，距其生宣德壬子十一月十日享年六十有五。」[47]知其生年為宣德壬子即宣德七年，亦即西元一四三二年。

有《彭文思集》，其詞現存十九首，和宋人詞共六首，較有特色。以《鷓鴣行》和黃庭堅詞，得忘機之趣；以《玉蝴蝶》和柳永詞，得秋怨之聲；以《千秋歲引》和王安石詞，得淡忘功名之心；以《滿庭芳》和蘇軾詞，得人生如夢之嘆。下面說說這首《滿庭芳·和東坡》：

世事如棋，人生如夢，看來都是空忙。英雄多少，畢竟數誰強。恰似蘆花飄去，逐西風、日夜癲狂。紛紛地，龍爭虎斗，空戰億千場。回首俱陳跡，古今勘破，閒散何妨。愛江山不老，地久天長。整頓竹籬茅舍，邀嵇阮、謝絕蘇張。

---

[47]　《四庫全書存目叢書》集部第 36 冊第 759 頁，齊魯書社，1997 年版。

一闋東坡仙去，誰和滿庭芳。

此詞雖然不如東坡原詞著名，但得其清曠神韻，並不遜色。世事、人生、英雄、爭鬥都是空忙，只有自然是永恆的，所以不妨回歸自然，閒散疏放，忘卻功名富貴。只是東坡仙去，知音恨少。引東坡為同道，不僅在精神上契合，還在於詞風相同或相近。

類似的情感及風格在彭華的詞中並不鮮見，如「功名誰上麒麟閣，漫把機心都棄卻」（《千秋歲引》）；「局促百年渾似夢，崎嶇萬計不如休」（《浣溪沙》）；「白鳥無心款款飛，忘機久矣薄輕肥」（《鷓鴣天》）；「雲台麟閣無心慕，底事南來又北去，回首乾坤皆旅寓」（《青玉案》）；「驚昨夢，急回頭，把萬念都休」（《意難忘‧感懷》）；「烹羊宰牛且為樂，人生七十古來少」（《滿江紅》）；「薄利浮名，當日為渠離別」（《風中柳》）等。

參考文獻

1. 陳田：《明詩紀事》，上海古籍出版社，1993 年版。

2. 《明史》，中華書局，1974 年版。

3. 裘君弘：《西江詩話》卷七，《續修四庫全書》第 1699 冊，上海古籍出版社，1997 年版。

4. 錢謙益：《列朝詩集小傳》，上海古籍出版社，1983 年版。

5. 饒宗頤初纂，張璋總纂：《全明詞》，中華書局，2004 年

版。

　　6. 宋佩韋：《明文學史》，上海商務印書館，民國二十三年版。

　　7. 《四庫全書總目提要》，河北人民出版社，2000 年版。

　　8. 沈德潛輯、周准校：《明詩別裁集》，上海古籍出版社，1979 年版。

　　9. 王昶輯，王兆鵬校：《明詞綜》，遼寧教育出版社，1997 年版。

　　10.朱彝尊輯：《明詩綜》，中華書局，2007 年版。

第三章

明中期江西詩詞

　　明代弘治至正德時期可稱為明中期。這一時期占主流的作家群主要有茶陵詩派和以復古為號召的「前七子」，其中很少或幾乎看不見江西籍作家的身影。而此時的江西籍作家主要活躍於理學領域（包括王陽明心學），他們以理學名家，故江西素有「理學之邦」之稱譽，而作為作家的他們卻不能成為主流。

　　從廣義來說，王陽明心學也屬於理學範圍，正如陸象山心學屬於宋代理學一樣。但從狹義來說，王陽明心學與傳統的理學又有所區別，所以有時被其他學派指為異端。但不管怎麼說，王陽明心學是對理學的新發展、新貢獻，對明代乃至後世都產生了較為深遠的影響。本章的主旨不在於討論理學家、理學流派，而在於借助理學流派及其理學家的劃分，更清晰地把握這些作家的情況，因為明代文學與理學的關係實在太密切。以理學家的分類為作家分類的依據，可使複雜的問題簡單明了化。

　　明中期江西籍理學作家主要包括諸儒學派作家和崇仁學派作家。前者有：意境雖稍涉平衍而典雅醇正的羅欽順，詩多涉理路的李中，詩多理學語而五言、七言嬝然有致的狀元作家舒芬，興幽思遠、盡辟蹊徑而頗有詩名的敖英；後者有：詩多涉理語而近

白沙、定山流派的夏尚樸，詩文尚未成家的桂萼。同時，江右王門學派作家也顯露頭角，為明中期的江西詩文盡其所能地演繹。主要有：主敬學派作家鄒守益，詩文皆闡發心性之語；主靜學派（又稱歸寂派）作家聶豹，詩文少涉理路而風格平實；主事學派作家陳九川，文大抵皆講學之語，詩小有韻致而不免薄弱。王門學派其他作家尚有：以氣節著而吟詠大抵皆一時遣興之作的劉魁，善推演師說、以「何黃」並稱而其集卻未見流傳的何廷仁、黃弘剛。總之，這些作家都以理學名家，詩文成就總體上不高，詩歌或多或少都帶有理學氣，雜宋調而近擊壤一派，理性有餘而理趣不足。

此外，明中期還有一些理學以外的江西籍作家，如：權相作家嚴嵩，雖怙寵擅權，而其詩在流輩之中乃獨為迥出，文亦不俗，故不以人而廢文；「茗溪五隱」之一的劉麟，詩多山林之氣，皆盎然天趣，讀之足消鄙吝；頗著風節的劉玉，古詩、歌行語言妥帖，詩風豪宕，五、七言律可步趨唐人；著述頗富的劉節，詩雖多而多不見選錄，其文明白淺切，以下筆不能自休而稍傷於文字冗長；兼收並蓄的游潛，詩風頗近晚唐而兼雜宋調，成就相對突出；自稱放翁的夏良勝，風節凜然而詩文有直氣；以邊功著稱的毛伯溫，文格頗疏暢，詩則所造不深，詞多淺易；內行修潔的歐陽鐸，詩多近體而不及其文，文雖娟秀而狹於篇幅；三入內閣的狀元費宏，詩文多應制奉酬之作，詩風多古雅，其悠游林下之作則頗見其風致；費采，多應酬之作，而田園詩則有模擬王維詩之傾向；尹襄，詩雖未見選錄，然亦間有可誦之作；汪佃，詩文無大疵累，文章不以時好輒廢繩墨；恃寵嬌蹇的權臣夏

言，善詩詞曲，亦善屬文，詩文平易宏整，部分詩有臺閣體之餘習，五言特具高韻，多豪宕之作，絕句尤有風致。總之，這些作家與理學作家相比，不僅有個性特色，而且成就相對較突出，可能是受理學的約束較小的緣故。

這時期的江西詞壇，主要作家有羅玘、劉玉、羅欽順、費宏、游潛、嚴嵩、毛伯溫、夏言、舒芬、桂華、聶豹等，作品數量最多的是夏言，達三五一首之多，其他詞人的作品都不多。其中，成就較高的是夏言、費宏、桂華等。

第一節 ▶ 理學詩人羅欽順

羅欽順（1465-1547），字允升，自號整庵，泰和人。弘治六年（1493）進士，授編修。遷南京國子監司業，與祭酒章懋以實行教士。未幾，奉親歸，因乞終養，劉瑾怒，奪職為民。瑾誅，復官，遷南京太常少卿，再遷南京吏部右侍郎，入為吏部左侍郎[1]。世宗即位，命攝尚書事。遷南京吏部尚書，省親乞歸。改禮部尚書，再起禮部尚書，辭。又改吏部尚書，再辭，許致仕。當時張璁、桂萼以議禮驟貴，秉政樹黨，屏逐正人。欽順恥與同列，故屢辭不就，里居二十餘年，潛心格物致知之學。欽順為

---

[1] 《明史卷二百八十二考證》作「欽順由南京入為吏部右侍郎，世宗即位乃轉左，見《獻徵錄》」，與史傳小異；而《弇山堂別集》卷五十四「吏部左右侍郎」條作「正德十四年任右，十六年轉左」，則與史傳同。

學，專力於窮理、存心、知性。年八十三卒，贈太子太保，諡文莊。生平事蹟見《困知記》所附《整庵自定年譜》《明史》卷二八二等。四庫錄其《困知記》二卷（另附有《續錄》二卷《附錄》一卷）《整庵存稿》二十卷以傳。據筆者粗略統計，前十五卷為文，計二三六篇（其中缺 3 篇疏）；後五卷為詩，計五一一首（含歌 1 首、詞 2 首）。其詩現存五〇八首，見於文淵閣《四庫全書》本《整庵存稿》卷十六至卷二十中。《江西詩徵》僅錄十首，《列朝詩集》《明詩綜》《明詩紀事》均未見選錄。

　　羅欽順的詩歌近於宋儒的道學詩，雖然不能以詩名家，但在明儒之中也可稱得上質樸而有文采的詩人。四庫館臣所謂「擊壤派」，即嚴羽在《滄浪詩話‧詩體》中所說的「邵康節體」，皆以此體之始作俑者邵雍康節先生及其《擊壤集》而得名。因它「以論理為本，以修詞為末，而詩格於是乎大變」，「朱國楨《湧幢小品》曰『佛語衍為寒山詩，儒語衍為《擊壤集》』，此聖人平易近人、覺世喚醒之妙用」[2]，故有人稱之為道學詩。羅欽順確實有不少道學詩，多涉理路，但並非「語錄講義之押韻者」[3]。如《自勵》其一：

　　　　昔聞爨下桐，乃充伯喈琴。知音苟不作，山水徒高深。

2　《四庫全書總目》卷一百五十三「擊壤集二十卷」條，第 3966 頁。

3　劉克莊：《後村先生大全集》卷一一一《恕齋詩存稿》，文淵閣《四庫全書》本。

平生守章句，中歲勤溫尋。新知能幾何？淘沙初見金。聖賢諒非遠，萬里行自今。精誠神所相，無虞力難任。以茲恆夙夜，聊欲忘華簪。

此詩為詩人的道學勵志之作，表達了對理學的感悟與修習，雖涉理路，但非有韻之語錄。同題的其他兩首大致與此相似。又如《為歐陽牧之題竹二首》：

深根便東引，挺出懸崖畔。東風翼新梢，勢欲凌霄漢。惟應具眼人，不作尋常看。

此君吾所愛，一見心神融。由來律呂聲，出自空洞中。歲寒凜無恙，葉葉皆清風。

前者寫懸崖邊挺出幼小的竹根，春天時長出新枝，有直上霄漢之勢，只有獨具隻眼的人，才不以尋常視之；後者聯想到竹樂曼妙，竹葉歷寒而葉不凋，故一見便愛，心神與之交融。兩首題竹詩都以議論說理為主，寫竹的精神意蘊，具有理學的哲思，有耐人尋味之處。羅欽順亦有少道學氣而真情感人之作，如《悼亡女》：

東風射窗急，窗紙摵摵鳴。疇昔窗中居，一去不聞聲。展轉夜過半，攬衣步前楹。寧知治縷夕，正此月華明。耳目不堪觸，更堪憶平生。十年一夢短，傷哉父子情。周身舊裙布，猶如新制成。奈何修潔姿，大命偏早傾。花綴故枝紅，

草回隔年青。婉孌無復見，痛恨何時平？

　　寫喪女之痛，宛然如見，情真意切，感人至深，絕無說教。像這類不涉理路而真情流露的詩歌，在羅欽順的集子中並不多見，故顯得彌足珍貴。

第二節 ▶ 江右王門學派詩人鄒守益

　　鄒守益（1491-1562），字謙之，安福人。王守仁弟子。舉正德六年（1511）進士，授翰林院編修。逾年告歸，謁守仁，講學於贛州。世宗即位，始赴官。嘉靖三年，以疏諫忤旨被責。逾月復上疏，觸帝怒，下詔獄拷掠。謫廣德州判官，廢淫祠，建復初書院，與學者講授其間。稍遷南京禮部郎中，召為司經局洗馬。遷太常少卿兼侍讀學士，出掌南京翰林院。被謫，尋改南京國子監祭酒。九廟災，守益陳上下交修之道，帝大怒，落職歸。里居，日事講學，四方從游者踵至，學者稱東廓先生。居家二十餘年，卒。隆慶初，追諡文莊。生平事蹟見《明史》卷二百八十三、《國朝獻徵錄》卷七四王時槐撰傳等。

　　有《東廓集》《道南三書》《鄒氏學脈》《鄒文莊明道錄》《東廓先生遺稿》，《四庫全書存目叢書》集部第六十五至六十六冊錄其《東廓鄒先生文集》十二卷（清刻本）。鄒守益「傳王守仁

之學，詩文皆闡發心性之語」[4]。

《江西詩徵》錄其詩十二首，《明詩紀事》錄三首，《列朝詩集》《御選明詩》未見選錄。作為理學大儒，鄒守益自然也有不少重理性的道學詩，如：

> 冒暑臥石屋，乘雨下東陽。疏燈映清筵，話此秋夜涼。庭前樹蘭蕙，十步亦自芳。勉旃圖培溉，勿縱荊棘狂。（《宿東陽庵與彭氏諸彥夜話》）

> 新洞穿雲辟，奇石奪天造。頹然谷城翁，相對談妙道。剪荊觴且詠，千古幾笑傲。請從澗然中，探取忘言奧。（《談道石》）

> 見說天台好，星辰掌上看。一溪中斷處，石磴勢巑岏。興劇初穿屐，風高欲側冠。悠然忘日暮，佳會古來難。（《游天台山》）

> 暇日探幽境，清高地望尊。煙雲時入闥，竹樹不知門。玉局群仙續，瑤琴古調存。修然超物外，不用訪桃源。（《黃老仙人台》）

以上詩歌都於寫景狀物之後闡發理學感悟，於理性中時見理趣，語言明白曉暢，詩風清新自然。寫暢游之樂的還有《行窩初

---

4 《四庫全書總目》卷一百七十六「東廓集十二卷」條，第4689頁，河北人民出版社，2000年版。

成謝諸同游》：

　　　　我從澄心亭，歸臥石屋洞。洞中舊仙侶，招我驂鸞鳳。
棟宇自高深，岩壑若飛動。載酒莫辭頻，天樂夜深夢。

　　由暢游到酣飲到入夢，其游覽之樂一寓其中，詩風明快活
潑。
　　此外，鄒守益有些絕句小詩設想新奇，活潑可愛。如：

　　　　行雲時濕半山衣，拄杖遙穿鳥道飛。兒童驚問芒鞋破，
為說曉從天上歸。（《歸自武功至瀑水崖》）
　　　　自笑馳驅兩載忙，美君穩臥北窗涼。不知攜去浮峰石，
新種菖蒲幾許長。（《睡起懷內重諸友》）
　　　　優詔歸來又一年，愛山不用買山錢。興來欲啖安期棗，
笑問山神借鐵船。（《宜春台仰山祠次陽明先生韻》）

　　寫得輕靈灑脫，清新可喜，頗見韻致。而有些古體詩則顯得
古奧晦澀，如《讀忠愍劉公年譜》《游武功上西石屋山》《集雲庵》
《華蓋山》等，讓人不能卒讀。

第三節 ▶ 權相詩人嚴嵩

　　嚴嵩（1480-1565），字惟中，號勉庵、介溪等，分宜人。弘
治十八年（1505）進士，改庶吉士，授編修。移疾歸，讀書鈐山

七年，為詩、古文辭，頗著清譽。還朝，久之進侍講，署南京翰林院事[5]。召為國子祭酒[6]。嘉靖七年歷禮部右侍郎，遷吏部左侍郎[7]，進南京禮部尚書，改吏部。至京師，以禮部尚書兼翰林學士留[8]，以佞幸，尋加太子太保。二十一年（1542）八月拜武英殿大學士，入直文淵閣，仍掌禮部事，尋加太子太傅。累進吏部尚書、謹身殿大學士、少傅兼太子太師[9]。尋加特進，再加華蓋殿大學士。恃寵攬權，貪賄親邪，凡直陳時政者或斥或戮。與其子世蕃濟惡，為楊繼盛劾奏十大罪五奸，後為御史鄒應龍極論不法，世宗勒令致仕歸[10]。四十二年嚴嵩削籍，沒其家。又二年，嵩老病，寄食墓舍以死，年八十六[11]。生平事蹟見《明史》卷三

5　《翰林記》卷十七「南京掌院題名」條作「嚴嵩，正德十六年以侍讀掌院事」。

6　《翰林記》卷十七「南京掌院題名」條作「嚴嵩，正德十六年以侍讀掌院事」。

7　《翰林記》卷十七「南京掌院題名」條作「嚴嵩，正德十六年以侍讀掌院事」。

8　《禮部志稿》卷四十二「尚書」條作「嘉靖十五年由南京吏部尚書改任，兼翰林院學士」。

9　《禮部志稿》卷四十二「尚書」條作「嘉靖十五年由南京吏部尚書改任，兼翰林院學士」。

10　《明史紀事本末》卷五十四作「（嘉靖）四十一年……五月嚴嵩罷，猶給歲祿」，又《弇山堂別集》卷四十一「少師」條作「嘉靖二十四年以少傅、太子太師、吏部尚書、謹身殿大學士加，嘉靖四十一年致仕，後削」。

11　王世貞撰《大學士嚴公嵩傳》作「卒年八十六」，《明人傳記資料索引》採用此説。又《弇山堂別集》卷四十五《內閣輔臣年表敘》作「嘉靖二十一年以少保、武英殿學入，累遷少師、華蓋殿學，四十一年罷，尋籍沒，卒年八十六」。

〇八《奸臣傳》、《國朝獻徵錄》卷一六王世貞撰《大學士嚴公嵩傳》等。

　　有《鈐山堂集》《南宮奏議》（《續修四庫全書》第四七六冊史部錄《南宮奏議》三十卷），四庫因其人而不錄其詩文，《續修四庫全書》第一三三六冊集部錄《鈐山堂集》四十卷《附錄》一卷（影印明嘉靖二十四年刻增修本），《四庫全書存目叢書》集部第五十六冊錄其《鈐山堂集》四十卷《附錄》一卷（明嘉靖二十四年刻增修本），四庫館臣稱：「嵩雖怙寵擅權，其詩在流輩之中乃獨為迥出。王世貞《樂府變》云：『孔雀雖有毒，不能掩文章』，亦公論也。然跡其所為，究非他文士有才無行可以節取者比，故吟詠雖工，僅存其目以昭彰癉之義焉。」又《四庫全書總目》亦稱嚴嵩之鈐山堂詩，「詞華之美，足以方軌文壇」。

　　嚴嵩一生大致可分四個階段：二十六歲以前，為人生成長時期；二十六歲至三十六歲，為中進士後就讀翰林院和家鄉隱讀時期；三十七歲至六十二歲，為官場得意時期；六十三歲入直文淵閣至八十二歲，為位極人臣時期；八十三歲罷相至八十六歲去世，為悲涼晚年時期。從現存《鈐山堂集》來看，此集是按時間順序編排的。二十六歲以前是否有作品，不好判斷。讀書鈐山時期和罷相後的作品成就都較高，而其他時期的作品大多迎送題贈等應酬文字，整體成就不高。其詩，《列朝詩集》錄十七首，《明詩綜》錄十六首，《御選明詩》錄二十三首，《江西詩徵》錄十九首，《明詩紀事》未見選錄。讀書鈐山時期的詩作多寫山水田園風光，表現閒適的山村生活，詩風或古樸淡雅，或沖淡閒遠，或清新明麗。如《雪霽登鈐山》：

千峰積瑤素，寰宇映空明。仙人好赤腳，獨躡層冰行。疊石疑瓊島，高樓思玉京。勁風仍振木，朗月已輝城。永夜山中宿，山泉松澗鳴。

寫雪後登山，不見萬丈豪情，只見空明素淨的景色與詩人恬淡的心境。又如《出仰山》：

鐘聲在山間，客子出山去。細雨濕春衣，新寒入高樹。

寫山間鐘聲悠揚，客子在蜿蜒的山路上行走，細雨打濕了衣裳，才感覺到春寒依然料峭，活脫脫一幅有聲有色的山林煙雨圖。再如《山塘》：

山塘深且廣，邐迤抱山麓。隔浦見人家，依依桑柘綠。

寫深廣的山塘被群山所環抱，隔著寬闊的水面，可以看見綠色的桑柘林和幾戶農家。景色靜淨似世外桃源一般，風格清新明麗。《東堂新成二首》其二云：

無端世路繞羊腸，偶以疏慵得自藏。種竹旋添馴鶴逕，買山聊起讀書堂。開窗古木蕭蕭籟，隱几寒花寂寂香。莫笑野人生計少，濯纓隨處有滄浪。

此詩大概是正德三年（1508）嚴嵩丁祖父憂返鄉後所作，所

築東堂新成，故吟詩以賀，並表述隱居讀書的恬淡心志，詩風古樸淡雅。

其他如《覽游大仰山宿東磎方丈》《大仰寺》《仰山尋鄭谷書堂》《謁古廟二首》《仰天岡》《登宜春台》《洞靈觀》《仰山置酒》《泛舟》《東溪晴泛》《春日》《夏日閒居》《秋夕閒居對雨》《齋中讀書》《江館聞雨》等，風格大體類似。故「王子衡云：介溪詩思沖邃閒遠，在孟襄陽伯仲之間。唐虞佐云：崆峒子評介溪詩曰淡，石潭翁評介溪詩曰達，達者其辭和，淡者其辭平，和平之音，其於古作者庶幾矣」[12]。

官場得意之時，嚴嵩的詩歌多應酬之作，字句多雕琢而乏動人的因素。如《奉命視牲》：

> 觀闕層城峻，郊宮復道開。市煙當樹合，炬火逐塵來。牲帖犧人報，驪聲騎士催。夜歸題筍記，候曉奏蓬萊。

缺乏早期詩歌的自然本質與真情實感，故詩味不足。又如《恭扈聖駕幸承天發京作》：

> 禁城鐘動啟金扉，鳳輦時巡出帝畿。黃紙特頒都護敕，緋羅齊賜侍臣衣。祥雲捧日浮仙仗，芳樹和煙隱翠微。遙想湘江歡父老，漢皇今睹沛中歸。

12　《明詩綜》卷三十三「嚴嵩」條引，文淵閣《四庫全書》本。

為應制之作，雖典雅平正，但缺乏感人的力量。只有某些出使在外（如正德十三年奉使廣西靖江冊封宗藩）的羈旅行役之作，才不乏感人因素。如《全州歲夜》：

　　　　殊俗聊相值，空堂誰與同？燈明深雪裡，歲盡漏聲中。野暗孤城柝，庭高古樹風。頻年遠為客，此夕意何窮。

　　全州位於廣西東北部，此詩寫除夕獨在異鄉的孤獨與寂寞，情真意切，容易讓人產生共鳴。又如《過彭城》：

　　　　十月彭城水，臨觀勢渺漫。客帆牽樹杪，日夕畏風湍。汴泗流爭長，魚龍臥未安。無人守茅屋，寂寞傍江干。

　　寫泊舟江岸的孤寂之感，古樸質直。
　　嘉靖四十一年（1562）罷相後，嚴嵩的詩歌數量雖然少了，但內容較此前充實些，真實地記錄了自己罷相後的心態、回鄉途中的觸景生情以及回家後的生存狀況，無臺閣氣，無雕琢痕。剛罷相時所作如《六月二日出都作》其一：

　　　　承詔賜休退，整駕念徂征。出京心已結，辭天骨猶驚。佇立獨躊躇，淚落忽沾纓。上念聖主恩，下懷知憂情。遠樹千重隔，滄江只櫓鳴。路歧方浩浩，紛思何由平。

　　寫心懷感念聖主之恩而踏上歸途，仍心有餘悸，淚落沾纓，

紛繁的思緒哪裡能夠平靜？心態描摹非常生動細膩，自然無雕琢之痕。回鄉途中所作如《舟行即事》：

> 長堤綠樹濃於幄，細草繁花秀若茵。日晚沿洄那得住，不知何處是通津。

寫對未來不可知的茫然，借景抒情，詩境渾融。《南旺湖》云：

> 細雨牽舟拂曙行，垂楊兩岸夏鸎聲。客愁何處因忘卻，樹裡南湖一片明。

寫客愁不會因美景而忘卻，以麗景寫哀，倍增其哀。歸家後所作如《新作溪上小舟》：

> 近溪因學置扁舟，頑水尋山得自由。好是中朝謝榮寵，歸來真作五湖游。（其一）
> 水碧沙明楓葉秋，短蓬孤棹自黃猶。老翁已自忘機事，溪上時來狎野鷗。（其三）

寫自己沉浸在樂山好水的閒情逸致中，彷彿忘卻了機心，像范蠡當年一樣泛扁舟而作游五湖（可見嚴嵩終其一生都沒有悟到，自己致敗的根源在於自身作為奸相的所作所為已為世所不容），詩風復歸於清新淡遠。

第四節 ▶ 明中期詞人

一、費宏

　　費宏（1468-1535），字子充，號鵝湖，鉛山人。成化二十三年（1487）進士第一，授修撰。弘治中，遷左贊善，直講東宮，進左諭德。武宗立，擢太常少卿，兼侍講讀。預修《孝宗實錄》。充日講官。正德二年拜禮部右侍郎，尋轉左，五年進尚書。次年冬十二月，兼文淵閣大學士參與機務。尋加太子太保[13]、武英殿大學士，進戶部尚書。幸臣錢寧陰黨宸濠，欲交歡宏，不得，因構以他事。寧王宸濠敗，言事者爭請召宏。世宗（嘉靖）即位，遣行人即家起宏，加少保[14]，入輔政。宏持重識大體，明習國家故事。與楊廷和、蔣冕、毛紀同心協贊，數勸世宗革武宗弊政。及廷和等去位，遂為首輔，加少師兼太子太師[15]、吏部尚書、謹身殿大學士[16]，委任備至。後為張璁、桂萼所誣，致仕[17]。嘉靖十四年（1535），萼既死，璁亦去位，世宗

13　《弇山堂別集》卷四十二「太子太保」條作「正德七年以禮部尚書、文淵閣大學士進加」。

14　《弇山堂別集》卷四十一「少保」條作「正德十六年以致仕太子太保、戶部尚書、武英殿大學士起用加」。

15　《弇山堂別集》卷四十二「太子太師」條作「嘉靖四年以少保加，以少師兼」。

16　《弇山堂別集》卷四十一「少師」條作「嘉靖四年以少保、太子太保、吏部尚書、謹身殿大學士加，兼太子太師，六年致仕，十四年復職，卒」。

17　《弇山堂別集》卷四十二「太子太保」條作「正德……十年致仕，

始追念費宏，再遣行人即家起官如故。未幾，卒於官，年六十八，贈太保，諡文憲。宏三入內閣，佐兩朝殆十年，中遭讒構，訖以功名終。生平事蹟見《明史》卷一九三、《國朝獻徵錄》卷一五江汝璧撰《費公行狀》等。有《費文憲詩集》《費文憲集選要》《宸章錄》《鵝湖摘稿》《續修四庫全書》集部第一三三一冊錄《太保費文憲公摘稿》二十卷（影印南京圖書館藏明嘉靖三十四年吳遵之刻本），《四庫全書存目叢書》集部第四十三冊錄其《明太保費文憲公文集選要》七卷（明徐階選，明劉同升選）（明崇禎間刻清印費文憲公文通公合集本），集部第二九二冊錄其所編君臣唱和詩集《宸章集錄》不分卷（明藍格鈔本）。《費文憲集選要》七卷，惜陰堂裁為《費文憲公詞》，現存詞二十首。

其詞多慶賀贈答之作，或賀生日，或賀靖賊，或賀功名，或賀升遷，或酬唱，或贈答，如《醉蓬萊・賀吳克溫先生乃尊生日》《水龍吟・壽岳母士齋濮老夫人》《念奴嬌・詠安慶府守備楊銳知府張文錦阻遏寧賊》《水龍吟・賀提督王公伯安克平逆賊》《滿江紅・為閭邑裡老賀杜侯望之平逆賊還縣》《沁園春・賀民悅侄領鄉薦》《過秦樓・為族人作賀歐陽舉人》《喜遷鶯・代郡僚作賀太守朱亨之考滿丙子正月作》《水調歌頭・八月二十二日

十六年起以少保兼」，為第一次致仕；而《弇山堂別集》卷四十一「少師」條作「嘉靖……六年致仕，十四年復職，卒」，為第二次致仕，即此。又《弇山堂別集》卷四十五《明內閣輔臣年表敘》：「費宏……正德六年以禮書文淵閣學入，九年以太子太保、武英殿學致仕，十六年復入，嘉靖六年以少師華蓋殿學致仕，十四年復入，明年卒。」與之小異而大同。

張桐廬瑩邀予登嚴先生祠堂酌客星亭上因次晦翁夫子韻》《水調歌頭・內閣詠蓮房》《滿庭芳・偶閱東坡墨刻有此詞用韻戲作》《沁園春・夏桂洲作沁園春賀列橋卜築用韻答之》《西江月・為縣尊杜侯送高三衙致仕作》《水龍吟・送太宗伯松露周公致仕》《沁園春・方僉憲思道用黃門公謹韻作詞賀列橋新居亦用韻答之》《沁園春・為嚴四府乃弟用聲賦隨可齋》等，題材內容較為狹窄，有不少口語入詞，通俗淺近。茲舉一例，如《念奴嬌・詠安慶府守備楊銳知府張文錦阻遏寧賊》：

> 寧王東下，要把那、龍虎江山占據。安慶城邊，卻被我、兩個忠臣攔住。火箭空多，雲梯枉設。賊死應無數。幾番大敗，痛哭相呼且去。

> 聞是守備楊侯，協同張太守，一心防御。遮蔽江淮，功不讓、往日睢陽張許。逆賊回舟，魂游江上，已心灰氣沮。功勞如此，何人為達明主。

寧王朱宸濠謀反及朝廷平叛，這一題材較多地見於費宏的詞中。此詞歌頌安慶府守備楊銳和太守張文錦阻遏逆賊之功，把他們比作唐代「安史之亂」中抗戰有功的張巡、許遠，希望為他們請功。通篇正氣浩然，抑揚爽朗，且有口語入詞，通俗淺近。而同為讚頌之詞，《解連環・哭巡撫孫公為逆賊所害》則哭悼為抗戰而遇害的江西巡撫孫燧，沉痛悲憤；《水龍吟・賀提督王公伯安克平逆賊》則讚頌王伯安的雄才大略，平叛有功，痛快淋漓。由此可見費宏詞風格的多樣性。

　　除了上述題材外，費宏詞還有部分對景抒懷之作，風格也不同。如《西江月‧舟中夜行獨坐無酒撫卷作》：

　　　　霜月高懸碧漢，畫船自泛寒江。銀燈獨對夜何長。窗外浮光蕩漾。可怪麴生疏闊，間來冷落瓊觴。思量無計助清狂。且與青編相向。

　　此詞為羈旅行役之作，清麗典雅。月夜泛舟，舟中獨坐，有書無酒，無助清狂，只有書籍相伴相隨，閒適與清愁兼有。「碧漢」「麴生疏闊」「瓊觴」「青編」等，用語典雅，色調清麗，風格有別。

二、夏言

　　夏言（1482-1548），字公謹，號桂洲，貴溪人。夏鼎之子。正德十二年（1517）進士，授行人，擢兵科給事中。嘉靖初，屢遷兵科都給事中。七年，調吏科，擢言侍讀學士，充纂修官，直經筵日講，仍兼吏科都給事中。十年三月擢少詹事，兼翰林學士，掌院事，直講如故。進禮部左侍郎，仍掌院事，逾月，代李時為本部尚書[18]。十五年加太子太保，進少傅兼太子太傅，閏十

18　《弇山堂別集》卷四十九「禮部尚書表」條作「嘉靖十年任，十六年入閣」。

二月遂兼武英殿大學士入參機務，居首輔。十八年，加少師[19]、特進光祿大夫、上柱國。意頗驕滿，嚴嵩妒之，漸失帝意。以贊決陝西總督曾銑請復河套事遭嚴嵩讒構，二十七年正月盡奪官階，以尚書致仕歸。嚴嵩復代仇鸞草奏訐夏言納曾銑金，交關為奸利，卒坐棄市，年六十七。隆慶初，其家訟冤，詔復其官，賜祭葬，追諡文愍。生平事蹟見《明史》卷一九六、《國朝獻徵錄》卷一六明王世貞撰傳等。

　　夏言性警敏，善詩詞曲，亦善屬文，尤長於筆札，有《桂洲集》《桂洲詞》《鷗園新曲》《南宮奏稿》，四庫錄其《南宮奏稿》五卷，《續修四庫全書》（集部）第一三三九冊錄《桂洲詩集》二十四卷（影印上海圖書館藏明嘉靖二十五年曹忭、楊九澤刻本），《四庫全書存目叢書》集部第七十四至七十五冊錄其《夏桂洲先生文集》十八卷《年譜》一卷（明崇禎十一年吳一璘刻本）。前人多有評說，且較為中肯。如四庫館臣稱：「此集凡賦詩詞八卷，文十卷，首有年譜。言未相時以詞曲擅名，然集內詞亦未甚工，詩文宏整而平易，猶明中葉之舊格」[20]。《靜志居詩話》云：「貴溪游覽贈酬之作不及分宜，而應制詩篇投頌合雅，

19　《弇山堂別集》卷四十一「少師」條作「嘉靖十七年以少傅、太子太師、禮部尚書、武英殿大學士加，十九年復為少傅，二十年復進少師，其年復為少傅，二十一年復少師，尋削職，二十四年再復職，二十七年再削」，稍異。

20　《四庫全書總目》卷一百七十六「桂洲集十八卷」條，文淵閣《四庫全書》本。

不若袁文榮之近於褻也。」[21]陳田云：「貴溪驕蹇，當時語云：『不睹費宏不知相大，不見夏言不知相尊。』觀弢侯《玉堂叢語》所紀，其取禍宜矣。五言特具高韻，才本揮霍。長禮部時，與翰苑諸公賦《觀蓮歌》，聯篇次韻，層出不窮，雖未盡合節，要亦豪宕之作也。絕句尤有風致。」[22]

其詞現存三五一首，他是明代江西籍詞人中現存詞作數量最多的，即便在有明一代詞人中恐怕也屈指可數。他的詞既有柔情似水、細膩傳神的婉約，也有金戈鐵馬、境界闊大的豪放。先看他的婉約詞：

　　臨水閣，倚風軒。細雨熟梅天。一池新水碧荷圓。榴花紅欲燃。薄羅裳，輕紈扇。睡起綠陰滿院。曲闌斜轉正閒憑。何處玉簫聲。(《鶴沖天‧初夏》)

　　小樓臨苑對青山。朱門草色閒。隔花時有珮珊珊。秋千楊柳間。新綠暗，亂紅殘。慵妝低翠鬟。日長春困減芳顏。無人獨倚闌。(《阮郎歸‧次韻歐陽公》)

　　庭院沉沉白日斜。綠陰滿地又飛花。岑岑春夢繞天涯。簾幕受風低乳燕，池塘過雨急鳴蛙。酒醒明月照窗紗。(《浣溪沙‧春暮》)

---

21 朱彝尊：《明詩綜》卷四十一「夏言」條自引，文淵閣《四庫全書》本。

22 陳田：《明詩紀事》第三冊，第 1610 頁。

圍繞春夏不同季節的時令特點，描摹物態，表現深閨女子的孤獨與愁情。刻畫心理，細膩傳神。語言優美流暢，風格綺麗溫婉，故沈雄引錢允治之語曰「桂洲閨豔小令，膾炙人口」（沈雄《古今詞話・明詞話》）。再看他的豪放詞：

　　南樓獨倚，悄無人、唯見五湖煙綠。桂樹香生吹欲下，疑是九天零粟。萬里無塵，長空一色，處處袁安屋。數聲羌笛，青鸞飛在庭竹。人在璚樓玉宇，指點江山，幾處飛泉瀑。安得滄江都是酒，洗我愁思千斛。天將老我，鶴髮成仙，月下跨黃鵠。嫦娥今夜，共誰談笑如玉。（《念奴嬌・中秋對月》）

　　天空海闊。正一鶴南飛，高翔碧落。風卷滄溟，雲收島嶼，萬里煙濤噴薄。多少蛟龜出沒，滿眼魚龍變作。卻爭如、任勁翮飛騰，盤回寥廓。難學。羨先生，道骨仙風，飄渺人間鶴。明月三山，寒云五嶺，幾度秋風廬岳。八極遨游將遍，應入太清女漠。願他年、一品當朝，畫圖憶昨。（《喜遷鶯・題一品當朝圖寄賀張靜峰》）

　　九曲黃河，畢竟是天上，人間何物。西出昆侖東到海，直走更無堅壁。噴薄三門，奔騰積石，浪卷巴山雪。長江萬里，乾坤兩派雄傑。親隨大駕南巡，龍舟鳳舸，白日中流發。夾岸旌旗圍鐵騎，照水甲光明滅。俯仰中原，遙瞻岱岳，一縷青如髮。壯觀盛事，已亥嘉靖三月。（《大江東去・扈蹕渡河日進呈御覽》）

　　紫殿宣麻，彤墀賜宴，仗鉞專征。看白日辭天，玄冬出

塞，金戈寒映，寶劍雄鳴。雪滿居庸，山橫碣石，北去龍沙幾日程。據鞍處，正旌旗蔽日，鼓角連營。丈夫有志功名。好戡亂扶危定太平。況聖主恩深，清時望重，試憑全策，早下堅城。王濬平吳，裴公破蔡，勳業真堪帶礪盟。登壇處，願指麾諸將，一戰功成。（《沁園春·擬送王司馬北征》）

萬仞岡頭，平臨四望，人世奇觀。正宿雨初收，流雲散亂，渾如滄海，浪湧濤翻。時見群峰，參差隱現，彷彿蛟沒巨瀾。太空裡，長煙幕幕，積霧漫漫。下方塵土猷煩。到此處、方知宇宙寬。看壁立中開，劍光猶迸，古苔剝落，鶴跡仍完。身在層霄，分明上界，何用凌風跨玉鸞。昨宵臥，神游八極，不覺超凡。（《沁園春·登葛仙山飛升台作》）

大河南北，數千里、一望中原民物。迤邐江山開錦幛，盡是名城堅壁。楚漢紛爭，曹吳割據，戰甲明霜雪。一時閒氣，弄來有甚豪傑。青春三月南征，柳色連天，滿路花爭發。醉後彩毫吟麗句，不管古今興滅。聖主中興，太平有道，德澤沾窮髮。何年滄海，釣竿時弄煙月。（《沁園春·答陸儼翁》）

源分上下，算黃河、不是人間之物。橫亙中原三萬里，失卻烏江赤壁。雷雨掀騰，魚龍變化，桃浪翻紅雪。乾坤流峙，泰山堪與爭傑。昔年奉使遐方，馬首東風，見洛陽花發。諸將提兵淮海上，群盜未曾驅滅。關塞崎嶇，風塵鴻洞，夢寐驚毛髮。太平今日，重來又是春月。（《沁園春·答李蒲汀張陽峰》）

砥柱乾坤，鎮長江、萬古中流獨立。橫遏驚濤排駭浪，

直負擎天巨力。吞吐雲煙，奔騰月日，壯觀東南壁。三山海
上，孤根不與同植。蛟宮貝闕玲瓏，海色浮空，日抱黿龜
出。人代光陰如一瞬，只有滄波不息。吞海亭前，江天閣
上，目送飛鴻翼。振衣長笑，墨筆醉灑岩石。（《沁園春‧
壬寅秋南歸登金山作》）

上列八首詞都屬豪放風格，題材內容有對景遣懷、登臨遠
眺、送別贈答、題畫酬贈等，雄健豪爽。風格近於辛棄疾，但因
為缺乏南宋的時代風雲與民族危機等客觀條件，多率意而作，缺
乏精思，故王世貞《藝苑卮言‧論詞》云：「我明以詞名家者，
劉誠意伯溫，穠纖有致，去宋尚隔一塵。楊狀元用修，好入六朝
麗事，近似而遠。夏文愍公謹詞最號雄爽，比之辛稼軒，覺少精
思。」類似風格的詞還有《水調歌頭‧答甬川少宰言邊事》《水
調歌頭‧談玄柬浚川》《沁園春‧送蔡都御使巡撫山東》《沁園
春‧送毛東塘經略安南》《沁園春‧寄贈石門閣老行邊》《沁園
春‧西苑紀興柬翟石門嚴介溪成國公京山侯四公》《沁園春‧答
李蒲汀惠水晶葡萄》《沁園春‧答未翁閣老》《沁園春‧題宗伯
張陽峰仰宸樓》《沁園春‧乙巳初度溧陽史恭甫繪玉陽調天圖並
詞二首寄壽用韻謝答二闋》《減字木蘭花‧送陶御史欽夔按滇南》
等。此外，還有若干首和辛棄疾的詞，如《水龍吟‧次稼軒賀未
齋閣老霖雨堂落成》《水龍吟‧夜宴未齋賞坐上牡丹再和辛稼軒》
等，不但次韻原詞，而且在風格方面也有一些近似。

夏言詞多應酬之作，風格不乏雄健豪爽，藝術上多用誇飾
語，排偶、鋪陳較多。正如他自己詞中所說「愛賈誼鋪陳，經綸

蘊藉；董生條對，禮樂縱橫」（《沁園春・送倫彥群膳部道舊》）。如「玉瓚清儀，朱弦逸韻，文采超群。羨早歲登科，英華振發，名區作宰，惠愛流聞。簡召秋台，班趨曉陛」（《沁園春・送朱鳳泉秋官北上》）、「文淵閣裡，制草才雄長羨子；少谷堂東，出語曾驚四座中。南宮吏影，白日還鄉誇晝錦；北闕儒英，今把文章答聖明」（《減字木蘭花・送林員外應亮》）、「九年一品，素食真漸靡國廩；七載黃扉，目斷青山未拂衣。憂多先老，只有辭官歸即好；聖主深恩，犬馬難忘戀闕心」（《減字木蘭花・壬寅春考一品九年滿感述》）等，比比皆是。

　　總之，夏言工於長短句，他在明代詞史上有較高的地位，所以王世貞在論及明詞時把他與劉伯溫、楊慎相提並論。生前因為他的顯赫地位，他的詞流布人口，而死後不到百年，他的詞卻湮沒不聞，因人而廢文的因素恐怕是主要的。故清代王弈清引錢謙益之語云：「夏公謹喜為長短句，當其得君專政，聲勢顯赫，長篇小令，草稿未削，已流布都下，互相傳唱。歿後未百年，黯然無聞。花間、草堂之集，無有及桂洲氏名者。求如前代所謂曲子相公，亦不可得，可一概也。」（《歷代詞話》卷十）

三、桂華

　　桂華（生卒年不詳），字子樸，安仁（今余江縣）人。大學士桂萼之兄。正德八年舉人。以孝友聞，寧藩百計羅致之，卒不就。生平事蹟見《四庫全書總目》卷一百七十六、《江西通志》卷九十等。有《古山集》（即《古山先生集》），《四庫全書存目叢書》集部第六十八冊錄其《古山先生文集》四卷（存三卷）（明

刻本）。《古山集》附詞，惜陰堂裁為《古山詞》。其詞現存十四首，除一二篇外都是慶賀酬贈之作，題材較為單一，成就也不高。其中，個別詞作頗有可讀之處。如《菩薩蠻·口占答何用明》：

　　帝城三月鶯花繞。笙歌沸徹千家曉。半壁夕陽明。醉眠人未醒。城頭鳴畫角。驚起南飛鵲。回首上林枝。行人腸斷時。

雖為酬答之詞，但沒有人情往來的客套與誇飾，著重景物的描摹與心情的敘寫，風格清麗哀婉。上片寫京城三月繁花似錦、鶯歌燕舞、樂聲喧天、沉醉未醒的景象，突出宮廷歌舞升平的享樂生活；下片借驚飛的烏鵲無枝可依而懷戀上林宮苑的舊窩，表達了羈旅行役之愁、戀闕之情以及懷才不遇之感，含蓄蘊藉，耐人尋味。

參考文獻

1. 陳田：《明詩紀事》，上海古籍出版社，1993 年版。

2. 《明史》，中華書局，1974 年版。

3. 裘君弘：《西江詩話》卷七，《續修四庫全書》第 1699 冊，上海古籍出版社，1997 年版。

4. 錢謙益：《列朝詩集小傳》，上海古籍出版社，1983 年版。

5. 饒宗頤初纂，張璋總纂：《全明詞》，中華書局，2004 年版。

6. 宋佩韋：《明文學史》，上海商務印書館，民國二十三年版。

7. 《四庫全書總目提要》，河北人民出版社，2000 年版。

8. 沈德潛、周准：《明詩別裁集》，上海古籍出版社，1979 年版。

9. 王昶輯，王兆鵬校：《明詞綜》，遼寧教育出版社，1997 年版。

10.朱彝尊輯：《明詩綜》，中華書局，2007 年版。

第四章

明後期江西詩詞

　　嘉靖至泰昌時期為明後期。這時期的江西文壇特別熱鬧，有詩文集傳世的作家也特別多（近五十位），尤其是文學巨匠湯顯祖的加盟，為江西文壇再鑄輝煌，故視明後期為明代江西詩歌的中興時期。

　　嘉靖之季，「後七子」興起，是繼「前七子」之後復古派的再度崛起，「後五子」「續五子」「廣五子」「末五子」等推波助瀾，由此匯成浩浩蕩蕩的復古大潮。「海內靡然成風，不奉李（攀龍）、王（世貞）之教者，幾等於夷狄之不奉正朔。」[1] 但仍然出現了反對者，如徐渭等人，其中就有江西臨川人湯顯祖。「臨川攻之於前，公安、竟陵掊之於後」[2]，「若專與弇州（王世貞）為難者，江右湯若士，變而成方，不離大雅」[3]。可見，湯顯祖以他「情至」的文學理論和宏富的詩文創作實踐（詩二二六〇餘首、文六百餘篇），對明後期詩文的反覆古運動起了積極的

1　宋佩韋：《明文學史》第 149 頁。
2　陳田：《明詩紀事》己簽《序》，第四冊第 1867 頁。
3　陳田：《明詩紀事》庚簽《序》，第四冊第 2233 頁。

推動作用。同時，他創作的以「臨川四夢」為代表的傳奇（即戲曲），代表了明代傳奇的最高水平，奠定了他在明代乃至整個古代戲曲史上的崇高地位。

當「後七子」的復古之風正熾的時候，能夠與之聲應氣求的江西籍作家寥寥無幾，只有號稱「後五子」之一的余曰德和被稱為「續五子」之一的朱多煃。原因是，自弘正之後，江西作家作為群體已不再占文壇的主流地位，也沒有出現像楊士奇那樣的文壇領袖，所以也就無法在文壇領風氣之先，即便此後出現的湯顯祖也是如此。如上一章所述，自明中期始，江西文化的中心已經由文學轉向了理學，大量理學家的湧現，造就了江西「理學之邦」的美譽。這些理學家們在傳承、發揚前輩師說的同時，也不偏廢文學，創作了不少的詩文作品，為明後期的江西文壇貢獻自己的力量。

理學作家仍然是明後期江西文壇一道最亮麗的風景線。此時的理學作家主要有三類：

（1）江右王門學派作家，包括江右王門南昌「三魏」兄弟作家；江右王門主事學派作家如歐陽德、胡直、鄒元標、宋儀望等；江右王門主敬學派作家如王時槐、鄧元錫等；江右王門主靜學派（歸寂派）作家如羅洪先、劉陽（兩峰）、劉元卿等；江右王門其他作家如萬虞愷、李萬實、徐燦、陳嘉謨、鄧以贊等。

（2）王門別派作家，包括泰州學派作家如羅汝芳、祝世祿等；止修學派作家如李材等。

（3）其他理學作家，包括甘泉學派作家如呂懷、楊時喬等；白沙學派作家如史桂芳等。他們都以各自富有特色的詩文創作，

為江西文學乃至整個明代文學增光添彩。

　　湯顯祖和理學作家之外，明後期江西作家還有：狷介求實學的章袞，宦游時多應酬之作，歸田後所作題材較豐富；留意理學而不傍門戶的尹台，雅質風藻，不愧名家；築草堂作物外游的萬衣，詩文皆直抒胸臆，不計工拙，風格清新質樸；未能脫俗的作家江以達、李璣，詩染後七子之習；好學、敦風節的陳邦瞻，以近體詩見長，七律綿邈麗密；司寇董裕，不以文學名家，詩多山水之作，有仙道之氣，風格穠麗古直；「續五子」之一的余曰德，詩大都沿襲七子格調，尤顯卑弱；與「後七子」唱和的況叔祺，其詩體格與明後七子相類，文尤典雅可誦，可為後世法；在南曹結「清溪社」的詩人朱孟震，詩歌音節瀏亮，選詞雋雅，格調閎暢，體氣高妙。著述等身的郭子章、謝廷諒、鄧渼，三人中鄧渼成就最高。其中，子章揚歷外台而書不輟，詩嫌合格者少，然勝於軟熟者多；廷諒所作，頗工麗自喜，而邊幅太狹；鄧渼文武全才，軍功卓著，詩文也頗有成就，其詩有山林文學的特色及隱曲不暢的缺點；儒將作家譚綸，文章閎中肆外，粹然成一家之言；多才多藝的王演疇，多應酬之作，詩名為其書法才能所掩；文章奧博的鄭以偉，詩多描寫家鄉風物，桑梓情深，親切可喜；首創繪圖志的作家吳道南，詩風清新淡雅，其文也時見佳作；誤入江西籍的地志作家張鳴鳳，詩多山林之氣；素以學行稱而清操為時望所屬的蔡國珍，現存詩均為歸田後所作的五、七言近體，寄情於山水；名家後裔楊寅秋，其詩未見流傳，奏議尤委曲盡致，文風平正典雅，有其家學之文章風範；與湯顯祖齊名鄉里的帥機，五言研練，不為義仍（湯顯祖）之澀體，深穩澹簡，率境

而成；英年早逝的作家劉文卿，詩文奇異，深閟奧雅，風格雖未成熟，但時露英武豪邁之氣。

　　此時的江西詞壇，主要作家有江以達、湯顯祖、鄭以偉等，作品數量稍多的是鄭以偉和湯顯祖。其中，成就較高的是湯顯祖。相對於其他時期而言，此時的江西詞壇是最冷寂的。

第一節 ▶ 江右王門學派詩人

一、南昌「三魏」兄弟詩人

　　魏良弼（1492-1575），字師說，號水洲，新建人。嘉靖二年（1523）進士，授松陽知縣，召拜刑科給事中。尋命巡視京營，劾罷提督五軍營保定伯梁永福、太僕卿曾直等，直聲大著。會南京御史馬揚等以劾吏部尚書王瓊被逮，良弼請釋之。帝怒，並下詔獄。論贖還職，仍奪俸一年，三遷至禮科都給事中。十一年，彗星現，劾大學士張璁，逾月復劾吏部尚書汪鋐，忤旨奪俸。及張璁復起柄政，與鋐修前隙。以考察後於人，竟坐不謹削籍。隆慶初，即家晉太常寺少卿，致仕卒，年八十四。天啟初追諡忠簡。王守仁撫江西，與弟良政、良器、良貴俱受學於王守仁。生平事蹟見《明史》卷二百零六、《四庫全書總目》卷一百七十七等。有《水洲文集》，《四庫全書存目叢書》集部第八十五冊錄《太常少卿魏水洲先生文集》六卷（明萬曆三十五年熊劍化徐良彥刻本）。其詩，不見錄於《列朝詩集》《明詩綜》《江西詩徵》《明詩紀事》等，四庫全書存目叢書本《太常少卿魏水洲先生文

集》卷五錄三十三首，大多為近體詩。絕句如《偶題》：

> 反照倒晴空，霞彩千山矗。歸鴉赴層林，獨鳥鳴高木。
> 欣然得我懷，無言獨自宿。甲子春何在？龍溪元年毓。

前半寫景，後半議論，詩風淺近直白，詩境尚欠渾然。又《謁嚴子陵祠有感》：

> 萬古綱常一線當，水光山色達穹蒼。焚香謁罷歸帆隱，
> 一枕清風到野航。

從游謁中居然悟出綱常之道，體現理學家本色，語言清新自然，詩風蘊藉。律詩如《開先寺呈王鯉太府》：

> 尋幽山寺出塵囂，野徑招提跨石橋。翠壁鑴磨猶古路，
> 蒼苔基址識前朝。龍依二瀑歸青峽，鶴唳雙峰入紫霄。安得
> 乘風臨絕頂，便應飛錫去人遙。

此詩寫景細膩，以景襯情，詩風古奧典雅，惜詩境不夠渾融。

魏良政（1496-1525），字師伊，新建人。良弼之弟。守仁撫江西，與兄良弼及弟良器、良貴，咸學焉。良政功尤專，孝友敦樸，燕居無惰容，嘗曰：「不尤人，何人不可處？不累事，何事不可為？」嘉靖四年舉鄉試第一而卒。良弼嘗言：「吾夢見師

伊，輒汗浹背。」其為兄憚如此。生平事蹟附見《明史》卷二百八十三《何廷仁傳》和《大清一統志》卷二百三十九等。其集未見流傳。其詩，《江西通志》錄三首，《江西詩徵》錄二首。多登臨紀游之作，如《登蕭仙壇》：

　　蕭仙樓閣壓層崖，此日登臨亦壯哉。霄漢四垂天闕近，江山一覽畫圖開。秦樓簫斷鸞聲遠，石室雲生雨勢來。俯視南州煙霧重，此身今日到蓬萊。

寫壯游所見所感，境界闊大高遠，氣勢盛大。又《鶴嶺西屏》：

　　靈峰插天表，鶴嶺在其西。靄靄翠雲屏，可望不可移。

寫景細膩傳神，娟秀可喜。又如《盤龍東嶂》：

　　東望盤龍峰，見山不見龍。龍盤不可見，上有雲萬重。

就峰名展開議論，設想新奇，語言明白曉暢，清新可喜。

魏良器（1502-1544），字師顏，號藥湖，新建人。良政之弟。從學於王陽明，後隨之至越。歸主白鹿洞，生徒數百人，皆知宗王門之學。性超穎絕人，雖宗良知，踐履務平實。卒年四十二。生平事蹟附見《明史》卷二百八十三《何廷仁傳》《大清一統志》卷二百三十九等。有《時齋集》，未見流傳。其詩，《江

西通志》錄三首，《江西詩徵》錄一首。多游覽紀行之作，如《南浦舟中》：

> 南浦東風泛客槎，近山茅屋伴雲霞。老漁寒釣半江水，古岸春開二月花。返景幾時浮野馬？暮愁無數有啼鴉。閒中此意憑誰領？芳草青青一道斜。

寫舟中所見，羈旅之愁蘊含於景物描繪中，語言古雅。《九日游三疊泉二首》云：

> 醉臥藤蘿石，溪花映客衣。不知山日暮，猶問此何時。三疊我重游，匡廬九月九。菊花笑淵明，底用王宏酒？

二詩題名紀游廬山名勝三疊泉，並未詳細描摹風物，卻重在敘事與議論，寫詩人的狂放與灑脫，而三疊泉風景之迷人與令人流連則自在不言中，詩風清新曉暢。

二、江右王門主事學派詩人

歐陽德（1496-1554），字崇一，號南野，泰和人。甫冠舉鄉試，到贛州從王守仁學，兩次不應會試。嘉靖二年（1523）進士，除六安知州，入為刑部員外郎。六年，詔改翰林編修，遷南京國子司業。尋改南京尚寶卿，召為太僕少卿，復改南京鴻臚

卿。累遷吏部左侍郎兼學士**4**，掌詹事府。丁母憂歸，即用為禮部尚書**5**。與徐階、聶豹、程文德並以宿學居顯位，集四方名士於靈濟宮，與論良知之學，赴者五千人。歐陽德器宇溫粹，學務實踐，不尚空虛。晚見知於帝，將柄用，而遽卒，年五十九。贈太子少保，諡文莊。生平事蹟見《明史》卷二八三、《明儒學案》卷一七《文莊歐陽南野先生德》等。

有《南野集》《南野文選》，《四庫全書存目叢書》集部第八十冊錄其《歐陽南野先生文集》三十卷（明嘉靖三十七年梁汝魁刻本），集部第八十一冊錄其《歐陽南野先生文集》四卷（明嘉靖間刻本）。《四庫全書總目》卷一百七十七「歐陽南野集三十卷」條稱：「是集為其門人王宗沐所編。凡內集十卷，皆講學之文；外集六卷，皆應制及章奏、案牘之文；別集十四卷，則應俗之詩文也。德之學宗法姚江，故惟以提唱良知者為內，而餘則外之、別之。」又同書「南野文選四卷」條稱「此本為隆慶中其門人馮惟訥等所編，於全集僅十分取一。然德在朝著述如《建儲》《災異》諸疏，皆能言人所不能言。而是編不載，則惟訥等所錄皆講學之文故也。是可以觀明儒之所尚矣」。

其詩，《明詩綜》錄一首，《御選明詩》錄一首，《江西詩徵》

4　《弇山堂別集》卷四十六「學士」條作「由進士嘉靖二十七年以禮左侍兼任，遷吏左侍、禮書仍兼任」。

5　《弇山堂別集》卷四十九「禮部尚書表」條作「（嘉靖）三十一年任，三十三年卒」。

錄一首，《歐陽南野先生文集》卷二十九錄詩一卷[6]。多送別詩贈答詩，如《送胡九峰改太常少卿北上》：

> 丹楓江上路，送爾倍沉吟。南北如相避，誰從話此心？
> 漸鴻遵月渚，倦鳥怯雲岑。辜負溪山約，臨風撫素琴。

寫景與議論結合，抒發別情較為含蓄。如同倦鳥歸舊林，本與胡九峰有溪山之約，如今因九峰的改任而違背，只好臨風彈奏素琴為他送行。語言明白曉暢，詩風質樸自然。

第二節 ▶ 江右王門別派詩人

一、泰州學派詩人羅汝芳、祝世祿

羅汝芳（1515-1588），字維德，號近溪，南城人。嘉靖三十二年（1553）進士，除太湖知縣。遷刑部主事，歷寧國知府。創開元會，罪囚亦令聽講。父艱，服闋，起補東昌，移雲南屯田副使。進參政，分守永昌，坐事為言官論罷。年七十四卒，門人私諡明德。初從永新顏鈞講學，後鈞系南京獄當死，汝芳鬻產救之，事之飲食必躬進。顏鈞學釋氏，故汝芳之學亦近釋。羅汝芳，學者稱近溪先生，其弟子有楊起元、周汝登、馬大壯、湯顯

第四編・明代江西詩詞

祖等。善書法，小楷精審。生平事蹟附見《明史》卷二百八十三《王畿傳》《四庫全書總目》卷三十二等。

羅汝芳是泰州學派開創者王艮的三傳弟子，他與江西吉安永豐人何心隱（即梁汝元）、李贄（師事王艮之子王襞，且其好友焦竑也屬泰州學派）均為泰州後學，他們的思想被目為「異端」。然而，正是這些「異端」思想成為反封建反禮教最有力的武器，對思想解放、社會的進步與發展起了極大的推動作用，也給文學創作帶來了新的動力與氣象，值得肯定。

羅汝芳著述頗豐，有《孝經宗旨》[7]《明通寶義》《廣通寶義》《一貫編》《近溪子明道錄》《會語續錄》《識仁編》《近溪子文集》等，《四庫全書存目叢書》集部第一二九至一三〇冊錄其《耿中丞楊太史批點近溪羅子全集》二十四卷（明耿定向輯評，明楊啟元輯評，明萬曆間刻本）。

其詩，《御選明詩》錄三首，《江西詩徵》錄三首，《明詩紀事》錄一首。詩多寺觀、山亭等游覽紀勝之作，如《龜峰寺次韻》：

洞府真仙境，人間自古今。天門通海色，石竇滿雲陰。
白鹿來仙跡，蒼苔認客吟。清秋際高爽，杯酒萬峰臨。

7　《千頃堂書目》卷三作「羅汝芳《孝經宗旨》，一云羅洪先」，考《皇朝通志》卷一百十一稱「明羅汝芳《孝經宗旨》，《千頃堂書目》誤作羅洪先，今校正」。

寫龜峰寺周圍如仙境般的景致，雖是秋季，卻並不蕭瑟。詩人於秋高氣爽之際，面對矗立的群峰把酒吟詩，興致頗高。寫景細膩，對仗工整，詩風清雅俊爽。《珠溪漫興和揭傒斯》云：

　　夜深銀燭坐憑闌，恍是身游霄漢間。香霧潭紛龍欲臥，長林風繞鳳初還。金仙紫蓋雲中駕，玉女青螺月下鬟。錯落泉聲流底亂，夢回時作佩珊珊。

此為和元代江西詩人揭傒斯的詩。寫夜深獨坐銀燭下夢游仙境直至夢醒的情景，構思較為巧妙，詩風典雅蘊藉。《游紫霄觀步同年李訒庵韻》云：

　　紫霄深處九回溪，溪上岩巒北斗齊。龍隱碧潭花氣合，鶴巢蒼樹野煙迷。春光愛客晴偏媚，山鳥窺人暖自啼。路迥不妨乘夜入，石床雲滿足幽棲。

從內容看是紀游詩，從形式看是和韻詩、七言律詩。寫春夜紫霄觀周邊的山水花鳥等景致，並表達了幽棲山野石床的閒情逸致，色彩穠麗，風格典雅。《曠覽亭》云：

　　姑山亭子對江澄，秋盡天風夜不生。江上千山萬山月，淡煙收與浪痕平。

深秋之夜，獨立姑山亭中看澄靜的江水，只見月光映照無數

的山峰於水中，江面籠罩著薄薄的水氣。寓情於景，詩風清新淡遠。《從姑山》云：

> 松柯梅干匝山腰，翠髻光寒夜未消。好約仙人王子晉，月明峰頂坐吹簫。

前兩句寫從姑山的景物，松柯梅干遍布山腰，又如翠髻般環繞，星光點點的夜晚寒氣未消；後兩句借仙人王子晉的典故，表達了對仙道及自由的嚮往之情。王子晉即王子喬，傳說中的仙人，好吹簫作鳳凰鳴，事見漢劉向《列仙傳・王子喬》。此外，送別詩如《書岡留別》：

> 匹馬西來又北岡，清風依舊是柴桑。相看不盡九秋興，一曲猗蘭生古香。

題為留別，雖文字似乎並不關涉，而實則不離主旨，委婉含蓄，情韻悠遠。

其文《重修宜黃縣儒學記》見錄於《江西通志》，議論平正通達，代表其理學之文的特色。

二、祝世祿

祝世祿（1539-1610），字延之，號無功，鄱陽人[8]，一作德興人[9]。嘉靖四十三年（1564）舉於鄉，授黃陂學博[10]。萬曆十七年（1589）舉進士，令休寧。二十三年，考選為南京吏科給事中，歷尚寶司卿。耿定向講學東南，世祿從之游，與潘去華、王德孺同為耿門高足。年七十二卒。生平事蹟見《明儒學案》卷三五《給事祝無功先生世祿》和《江西通志》卷九十等。有《環碧齋集》《環碧齋小言》（又名《祝子小言》），《四庫全書存目叢書》集部第九十四冊錄其《環碧齋詩》三卷《尺牘》五卷（明萬曆間刻本）（《尺牘》，明吳時元刻本）。《四庫全書總目》卷一百七十七「環碧齋詩集三卷尺牘三卷」條云：「《西江志》稱其工詩，善草書，談理獨抒心得。今觀其詩，格調頗伉爽，而簡汰未嚴；尺牘更開『三袁』一派。」[11]其詩《江西詩徵》錄三首，《明詩紀事》錄一首。祝世祿詩歌格調剛直豪爽，而挑選裁減不甚嚴格。如《弔胡忠烈公》：

矯矯蒼龍骨，霜威凜莫摧。當年英氣在，忽地疾風回。湖面波濤吼，城頭鼓角哀。不須千載後，遼鶴夜歸來。

8　據《明儒學案》，清黃宗羲撰，中華書局，1985年版。
9　《四庫全書總目》卷一百二十五作「德興人」，又《江西通志》卷五十四、卷五十五、卷九十以及《欽定天祿琳琅書目》卷七《養正圖解》條均作「德興人」。
10　據《湖廣通志》卷四十三。
11　《四庫全書總目提要》第4735頁。

憑弔胡忠烈公，突出其凜然不可侵犯的矯矯氣骨和長存的浩然英氣，格調剛直豪爽。詩末用遼東丁令威得仙化鶴歸里的事典，表達了對胡公英靈不朽的期待。類似風格的詩還有《哭李未夫》（龍門誰復放歌狂）《揚州秋興》《桐江即事》《赤壁再泛》《偶寄吳與松》《登木蘭絕頂遇岩居道者有贈》《九日登上方寺塔歌》《過王汝寧石子莊》《初登齊雲山作》《飛雨樓望志感》《贈汪仲徽》《白榆道中遇程太沖作》《夜作游仙夢得詩四首》其四《徐州懷古》以及《牛首絕頂》等。

此外，紀游之作如《芝山春游》[12]：

溪山春正半，載酒鳥邊亭。取醉非吾事，乾坤忌獨醒。

寫仲春時節游芝山的情景，不重寫景而重在議論，表達了對世事的慨嘆：載酒登上空曠的亭子，不為取醉，只因惟我獨醒者不為世所容。醉翁之意在乎山水之間，委婉中見諷刺。《南天王寺》云：

半榻松雲對鶴眠，浪疑人在蔚藍天。風林不秘聲聞法，瓶水瓶花裊篆煙。

12　此據《江西通志》卷一百五十六《藝文・詩十》，《四庫全書》本。而《江西詩徵》卷六十一與《明詩紀事》第五冊第 2532 頁均作《游芝山》。另，《四庫全書存目叢書・環碧齋詩三卷》，集 94-153 作《雜興三首》其一。

南天王在梵文中為「毗流馱迦」，是佛教護世四天王之一，據說此天王能令他人增長善根，故名為「增長天王」。前兩句描摹詩人夜宿寺廟的感受，面對松雲、白鶴而臥，彷彿身處蔚藍的天界，照應題目中的「天」；後兩句用佛典描寫佛寺香霧繚繞的情景，照應題目中的「寺」。聲聞，梵文意譯，佛家稱聞佛之言教，證四諦之理的得道者，常指羅漢。篆煙，盤香的煙縷。意象切合題旨，詩風典雅生僻。

第三節 ▶ 白沙學派詩人與甘泉學派詩人

一、白沙學派詩人史桂芳

史桂芳（1518-1598），字景實，號惺堂，鄱陽人。嘉靖三十二年（1553）進士。性耿介，宗陳獻章之學。起家歙縣令，廉直愛民，征為南京刑部主事。晉郎中，出知延平府，以憂歸。再補汝寧[13]，專以德化民，遷兩浙鹽運使以歸，老幼送者數千人。萬曆二十六年卒，年八十一。生平事蹟見《四庫全書總目》卷一百七十八（《欽定續文獻通考》卷一百九十三同）、《明儒學案》卷九《運使史惺堂先生桂芳》等。有《惺堂文集》，《四庫全書存目叢書》集部第一二七冊錄其《皇明史惺堂先生遺稿》十一卷

---

13 《河南通志》卷三十二「（各府知府）汝寧府」條作「史桂芳，江西鄱陽人，進士，隆慶元年任」。

《嘗惺先生書經補說》一卷附《史惺堂先生年譜》一卷（明夏子羽撰《年譜》）（清順治十六年史簡等刻史氏增修本）。史桂芳師事白沙弟子鄧德昌，為白沙二傳弟子，屬白沙學派。借用到文學上，故歸之入白沙學派作家。

其詩，《江西詩徵》錄一首。《重至鹿洞書感示同志》詩云：

> 紫陽學脈千秋在，子靜流徽奕世傳。汲井自慚牽短綆，登程惟慕著先鞭。誠明應到無虧處，義利須嚴未發前。聖澤有源逢定易，洞中流水是原泉。

多涉理語，如「學脈」「流徽」「誠明」「義利」「聖澤」「原（源）泉」等。好議論說理而缺乏渾融的詩境，可視為其理學詩的代表，詩風近白沙一派。

二、甘泉學派詩人：呂懷與楊時喬

呂懷（生卒年不詳），字汝德，一字汝愚[14]，號巾石，一號健乾，廣信永豐人。與洪垣齊名，同為湛若水高足。嘉靖十一年（1532）進士，選庶吉士，授兵科給事中。改春坊左司直郎，歷右中允，掌南京翰林院事。每言王氏之良知與湛氏體認天理同旨，其要在變化氣質，作《心統圖說》以明之。官至南京太僕少卿。生平事蹟附見《明史》卷二百八《洪垣傳》後、《四庫全書

14　《四庫全書總目》卷七作「字汝愚」，其他文獻均作「字汝德」。

總目》卷七等。有《周易卦變圖傳》《簫韶考逸》《律呂古義》《巾石遺編》《呂懷類稿》等。

其詩，《明詩綜》錄一首，《江西詩徵》錄一首。《阻風登觀音閣用韻》詩云：

> 憑高獨上觀音閣，落日還登燕子磯。鳥道重重高峽險，煙波漠漠遠山微。岸吹夜浪豚相拜，崖護春巢鵑遠歸。聞道鑾輿回北闕，歡心直向五雲飛。

內容為登臨之作，形式為和韻之詩。首二句敘事並點題，中間四句寫景，末二句抒情，層次清晰。寫景細膩，境界闊大高遠；語言流暢，情調歡快。因風而阻，身在異境而不忘戀闕之心，其忠可掬。總體上看，此詩詩境尚欠渾融，五六句寫景語言略嫌雕琢。

楊時喬（1531-1609），字宜遷，號止庵，上饒人。嘉靖四十四年（1565）進士，除工部主事。榷稅杭州，令商人自署所入，輸之有司，無所預。隆慶元年冬，上時政要務，帝褒納，中外傳誦焉。擢禮部員外郎，遷南京尚寶丞。萬曆初，以養親去。服除，起南京太僕丞，復遷尚寶。移疾歸。時喬雅無意榮進，再起再告。閱十七年始薦起尚寶卿，四遷南京太常卿。疏請議建文帝謚，祠禮死節諸臣。就遷通政使。秩滿，連章乞休，不允。三十一年冬，召拜吏部左侍郎。絕請謁，謝交游，止宿公署，苟苴不及門，銓敘平允。秉銓凡五年卒，年七十九。詔贈吏部尚書，謚端潔。生平事蹟見《明史》卷二百二十四、《四庫全書總目》卷

七等。有《馬政紀》《楊端潔集》,《四庫全書存目叢書》集部第一百三十九至一百四十冊錄其《新刻楊端潔公文集》二十卷(明天啟間楊聞中刻本)。四庫館臣稱:「是集為其子聖踐所編。江右之學,惟時喬一本程、朱,故集中《大學》《周易》諸序及孔、朱二像碑,皆力辟心學之誤云。」[15]其詩,《江西詩徵》錄一首。詩多題贈送別、行旅紀勝之作。如《九仙岩》詩云:

> 亭亭松蓋滿山浮,寂寂苔衣徧地幽。漏滴半空傳雨信,台陰十里障江流。龍飛漢表雲歸缽,虎嘯林邊月暗樓。我笑山僧能解意,夜深燈火為人留。

寫詩人游覽九仙岩、夜宿僧寺的情景,於自然美景的描繪與山僧夜深為人留燈火的細節中,透露出詩人樂游忘返的意趣以及山寺的幽暗、山僧的善解人意,詩風清麗幽遠。其他紀行紀勝之作如《旅寓五雲山八首》《虎跑寺》《渡江望金山寺》等,或寫景狀物,或抒寫懷抱。題贈送別之作如《送萬合溪參蜀藩》《贈鄭翁二生》《別呂太史》等,於酬唱之餘時涉理路,偶有真情流露。

總之,楊時喬詩歌好議論說理,寫景抒情的成分相對較少,難免有說教之嫌,道學氣較濃。

15　《四庫全書總目》卷一百七十八「楊端潔集」條,《四庫全書總目提要》第 4796 頁。

第四節 ▶ 文學巨匠湯顯祖

撫州，自宋以來就有「才子之鄉」的美譽。歷元而入明，臨川文化仍然熠熠生輝。文學巨匠湯顯祖的出現，使江西避免了在有明一代缺失文化巨人的遺憾。正因為有了湯顯祖和一大批理學名家，才使江西在宋代鼎盛之後的明代仍不失為文化大省的地位。湯顯祖「其時於古文詞而外，能精樂府、歌行、五七言詩；諸史百家而外，通天官、地理、醫藥、卜筮、河籍、墨兵、神經、怪牒諸書矣」[16]。湯翁在詩詞、古文、戲曲等方面都有卓著的成就，在明代堪稱文學大家。

一、生平

湯顯祖（1550-1616），初字義少，改字義仍，號海若、若士、清遠道人、繭翁。臨川人。少善屬文，有時名。張居正欲延引以教子弟，不應。萬曆十一年（1583）進士，任南京太常寺博士、禮部主事。十八年，抗疏陳時政，觸帝怒，謫徐聞典史，稍遷遂昌知縣。二十六年，投劾歸。二十七年，竟奪官，家居二十年卒，年六十七。生平事蹟見《明史》卷二三〇、《明史列傳》卷八四等。

湯顯祖的一生，可以萬曆二十六年（1598）棄官歸裡為界分前後兩個時期。前四十九年，像大多數讀書人一樣走著讀書、科

16　鄒迪光：《湯義仍先生傳》，毛效同編《湯顯祖研究資料匯編》上冊，上海古籍出版社，1986年版，第81頁。

舉、做官的道路；後十八年，隱居鄉里，教授子弟，著述創作。二十一歲時鄉舉第八名，此後因得罪首輔而四次落第，三十四歲以三甲二一一名進士及第，此後宦海浮沉十五載。情與理的矛盾糾葛之後，最終情勝於理，才導致他主動棄官的結果。棄官歸里後，讀書、教書之餘更傾注心血於文學創作，奠定其文學成就與地位的「臨川四夢」以及大量的詩文就是此時創作完成的。湯翁仕途的不順，反倒成就了他文學上不朽的地位。

有傳奇《紫簫記》《紫釵記》《還魂記》（即《牡丹亭》）《南柯記》《邯鄲記》五種，後四種合稱《玉茗堂四夢》或《臨川四夢》，名重一時；另有詩文集《紅泉逸草》《問棘郵草《玉茗堂集》。詩宗香山、眉山，文學南豐、臨川。其戲曲創作崇尚真性情，為一代宗師，創「臨川」一派（與沈璟代表的尚聲律的「吳江派」相對立），影響延及清代。《續修四庫全書》集部第一三六二-一三六三冊錄《玉茗堂全集》四十六卷（影印明天啟刻本），集部第一三六三冊錄《湯海若問棘郵草》二卷（明徐渭評，影印上海圖書館藏明刻本），《四庫全書存目叢書》集部第一八一冊錄其《玉茗堂全集》四十六卷（明天啟間刻本）。

二、近三十年湯顯祖研究概況

當代著名戲曲理論家郭漢城在《〈湯顯祖研究論文集〉序》中說：「外國有莎士比亞學，中國已經有《紅樓夢》學（即紅

學），也不妨有研究湯顯祖的『湯學』。」[17]如今，湯顯祖研究在中國古典文學研究領域已成為一門既與大學科有緊密聯繫，又自成研究體系的學科——湯學。早在二十世紀三十年代，就出現了湯顯祖研究專著《湯顯祖及其牡丹亭》[18]。六十年代，中華書局上海編輯所出版了錢南揚、徐朔方合校的《湯顯祖集》，後又於九十年代末出版了徐朔方箋校《湯顯祖全集》[19]。至此，湯顯祖研究才有了方便實用的全集整理本。另外，《湯顯祖年譜》[20]的出版，也為湯顯祖研究提供了諸多便利。

近三十年來，有關湯顯祖研究的成果主要有三大類：

（1）專著及論文資料集。如：徐朔方著《論湯顯祖及其他》[21]，江西省文學藝術究所編《湯顯祖研究論文集》[22]，王永健著《湯顯祖與明清傳奇研究》[23]，毛效同編《湯顯祖研究資料匯編》[24]，黃文錫、吳鳳雛著《湯顯祖傳》[25]，龔重謨等著《湯

17　江西省文學藝術研究所：《湯顯祖研究論文集》，中國戲劇出版社，1984 年版。

18　張友鸞：《湯顯祖及其牡丹亭》，上海光華書局，1931 年版。

19　徐朔方箋校：《湯顯祖全集》，四冊，北京出版社，1999 年版。

20　徐朔方：《湯顯祖年譜》，上海中華書局，1958 年版，上海古籍出版社，1980 年修訂版。

21　徐朔方：《論湯顯祖及其他》，上海古籍出版社，1983 年版。

22　江西省文學藝術研究所：《湯顯祖研究論文集》，中國戲劇出版社，1984 年版。

23　王永健：《湯顯祖與明清傳奇研究》，台北志一出版社，1984 年版。

24　毛效同《湯顯祖研究資料匯編》，上海古籍出版社，1986 年版。

25　黃文錫、吳鳳雛：《湯顯祖傳》，中國戲劇出版社，1986 年版。

顯祖傳》[26]，朱學輝、季曉燕著《東方戲劇藝術巨匠湯顯祖》[27]，徐扶明編著《牡丹亭研究資料考釋》[28]，周育德著《湯顯祖論稿》[29]，黃芝岡著，吳啟文校訂《湯顯祖編年評傳》[30]，徐扶明著《湯顯祖與〈牡丹亭〉》[31]，陳美雪編《湯顯祖研究文獻目錄》[32]，鄒元江著《湯顯祖的情與夢》[33]，吳秀華著《湯顯祖〈邯鄲夢記〉校注》[34]，黃竹三評注《牡丹亭》[35]，程芸著《湯顯祖與晚明戲曲的嬗變》[36]。

（2）博士論文。主要有：《〈玉茗堂四夢〉與晚明戲曲文學觀念》[37]，《〈牡丹亭〉接受史研究》[38]，《湯顯祖詩學研究》[39]。

（3）單篇論文。一九七九至二〇〇七年，有關湯顯祖研究的單篇論文達五〇五篇（海外刊物不包括在內）。筆者發現，對

26　龔重謨等：《湯顯祖傳》，江西人民出版社，1986 年版。

27　朱學輝、季曉燕：《東方戲劇藝術巨匠湯顯祖》，江西人民出版社，1986 年版。

28　徐扶明：《牡丹亭研究資料考釋》，上海古籍出版社，1987 年版。

29　周育德：《湯顯祖論稿》，文化藝術出版社，1991 年版。

30　黃芝岡：《湯顯祖編年評傳》，中國戲劇出版社，1992 年版。

31　徐扶明：《湯顯祖與〈牡丹亭〉》，上海古籍出版社，1993 年版。

32　陳美雪：《湯顯祖研究文獻目錄》，台灣學生書局，1996 年版。

33　鄒元江：《湯顯祖的情與夢》，南京出版社，1998 年版。

34　陳美雪：《湯顯祖研究文獻目錄》，台灣學生書局，1996 年版。

35　鄒元江：《湯顯祖的情與夢》，南京出版社，1998 年版。

36　吳秀華：《湯顯祖〈邯鄲夢記〉校注》，廣西教育出版社，2004 年版。

37　程芸著，鄧紹基研究員指導，中國社會科學院 1999 年中國古代文學專業。

38　劉淑麗著，俞為民教授指導，南京大學 2003 年戲劇戲曲學專業。

39　萬文斌著，黃寶華教授指導，上海師大 2007 年中國古代文學專業。

他的研究主要圍繞其思想價值、人生態度、審美意識、創作方法、藝術風格、作家心態等方面展開，體現了新時期與其他文學研究同步轉型的特點。[40]

　　總之，近三十年來的湯顯祖研究取得了一些可喜的成果，尤其是在對湯顯祖戲曲作品的整理與研究方面，成果顯著，如「四夢」的箋注、校點、評述與研究等。可以說，湯學研究無論是廣度（橫向的，包括各種文體如詩文詞傳奇等）還是深度（縱向的，包括戲曲的曲牌與唱腔等）都有較為明顯的拓展與深入挖掘。同時也不難看出，湯學研究中存在明顯不平衡、冷熱不均的現象：從成果的形式看，論文較多（五百餘篇），而論著較少（不到十八種）；從成果的研究方向看，作者的生平經歷與個別戲曲作品如《牡丹亭》等的研究偏熱，而有關作者的文學理論與宗教思想的研究偏冷；從所研究的作品體裁來看，戲曲偏熱，而詩文與傳奇偏冷。通過對研究成果的數理統計與分析可知，湯學的研究還是相當薄弱。論文平均每年不到二十篇，論著平均每年不足一種。而且，研究湯顯祖詩文與傳奇的論文、論著更是少而又少。這種狀況與湯顯祖作為明代文學的大家身份是很不協調的。正因如此，湯學研究還有很大的空間可以拓展與深

40　李精耕、湯潔：《從近三十年來國內學術期刊論文看湯顯祖研究》，《求索》2007 年第 11 期，第 183 頁。

入，湯學研究將大有可為。[41]

三、詩歌特色

湯顯祖其詩，《列朝詩集》錄一百三十五首，華淑輯《明詩選》錄四十二首，《明詩綜》錄九首，《御選明詩》錄三十九首，《江西詩徵》錄五十八首，《明詩紀事》錄二十首。

詩歌特色之一，就是自求其新其變，詩風凡三變，故可分三個階段：青少年時為前期，詩多應酬交際之作，追求辭采，但不夠成熟，可以《紅泉逸草》之詩為代表；青壯年時為中期，詩攻聲律，詩風綺麗俊逸，時傷蹇澀，可以《問棘郵草》之詩及《玉茗堂詩》之一至之三為代表；中年以後為後期，詩學白居易和蘇軾，清新淡逸，可以《玉茗堂詩》之四為代表。故其「嘗自謂其詩三變而力窮」[42]。

前期詩，據徐朔方先生統計，《紅泉逸草》中所收十二到二十五歲之間的詩作共七十五首，朋友間的酬贈詩不算在內，上呈地方長官或顯要的就有十六首，《丙寅哭大行皇帝》《壬申歲哭大行皇帝》之類也是另一種應酬之作。另有十一首流露出仙道思想，如《分宜道中》便是其中一首。只有個別詩篇如《湧金曲》《承春樓上逢姜十以劍換酒留別》，顯示了作者後來某些綺麗俊

41　李精耕、湯潔：《從近三十年來國內學術期刊論文看湯顯祖研究》，《求索》2007 年，第 11 期，第 185 頁。

42　錢謙益：《列朝詩集小傳》「湯遂昌顯祖」條，第 564 頁。

逸之作的萌芽。這時期的詩歌頗有辭采，寫作技巧也訓練有素，但總體上不夠成熟，有以詩作酬答工具之嫌[43]。

中期詩，如五言古詩《陽谷主人飲》，作於萬曆十二年（1584）七月赴南京太常博士任途中，敘述了山東陽谷某農夫對詩人的熱情款待，描寫了如江南家鄉一般美麗的風光，表現了詩人淡淡的鄉思及寧靜而又恬適的心情。又如《雨花台所見》：

> 冉冉春雲陰，郁郁晴光瑩。取次踏青行，發越懷春興。拼知天女後，如逢雨花剩。宜笑入香台，含顰出幽徑。徙倚極煙霄，徘徊整花勝。態隨驚蝶起，思逐流鶯凝。美目乍延盼，弱腰安可憑。朝日望猶鮮，春風語難定。拾翠豈無期，芳華殊有贈。持向慧香前，為許心期證。如何違玉纓，沉情擊金磬。

寫南京雨花台所見，雖清勁沉鬱，天然孤秀，但因逞才使氣而時傷蹇澀，有矯枉過正之嫌。又如七言古詩《送曾人蒨由武夷還南海》，送別詩不言離思，卻多自我解嘲和勸慰友人，以祁生棄半歲兒而撒手人寰之例，暗寓人生多珍重之意。語言雖流暢，意緒頗費索解。《送吳竟父西歸過運司伯子》云：

---

43 徐朔方：《湯顯祖評傳》，中國思想家評傳叢書，南京大學出版社，1993 年版，第 18-19 頁。

蒼兼白露滿秦河，年少芳樽玉樹歌。別館春情隨夜盡，曲江秋色聽潮過。吳儂未斷迷香徑，海賦能添出素波。為到故園梅色蚤，可堪青鬢客愁多。

前六句反覆以景物渲染離情，末二句兼及客愁，使主旨有所拓展。語言清麗流暢，但「海賦」句有些草率。《劉君東下第歸西昌》云：

萬里乘春幾度逢，每逢相見不從容。燕台自說空群馬，仙縣何當起二龍。風定搗砧催木葉，月明歌棹倚芙蓉。看君未有清寒色，湛露零空酒正濃。

此詩作於一五八三年，友人劉君東下第歸泰和，湯顯祖以詩慰之。即言聚難別易，又以駑馬飛龍譬喻，極言不平，而稍脫此中俗寫之迂闊，以龍況友及己，抑揚錯落，俊逸非常，足可見湯顯祖的筆間胸臆的自信與豪邁。秋風漸起，觸動鄉愁，觀察友人並未顏色淒寒，龍恩難被，卻酒意正濃，足可以狂歌痛飲，劉君東的灑脫磊落，躍然紙上。此詩用典妥帖，清麗典雅。又如《和答帥思南》云：

春鶯出谷草萋萋，關右傳書喜欲迷。東箭晚隨霄漢北，南冠今滯夜郎西。叢台氣色連滄海，漵浦風煙接朗溪。具道故人能鳳舉，那知郎吏欲雞棲。

帥機是詩人同鄉的故交摯友，早年齊名鄉里，詩人與他唱和贈答，自然比別人更多了一份深情。時帥機任思南知府，詩人任南京太常博士。南北相隔，書信相接，芳草萋萋，滿含思念之情。繁辭麗句，情勝於辭。《答君東天津夜泊》云：

　　　　津館蒼茫別未曛，滿簷秋色為思君。風生積海連山霧，月落長河半樹雲。欲睡動尋千日酒，憐香真惜十年薰。如何咫尺關南道，只似江空與雁聞。

　　作於詩人任北京禮部觀政進士時。劉君東夜泊天津水域，詩人寄詩以贈，表達思念與關切之情。語言明白曉暢，直入人心，情辭兼美。

　　後期詩，如五律《秋夜入廣別帥郎》：

　　　　江潭殊自嘆，搖落未經知。昨夜秋聲起，相逢憔悴時。園林阻芳色，河漢渺佳期。起視浮雲氣，蒼梧不可思。

　　作於一五九一年貶官徐聞，於臨川啟程前。於歲華搖落的秋夜與故交知己相別，不知何年再相聚，想必是面容憔悴之時。情景交融，清新淡逸。七言律詩如《送伍大儀入都》：

　　　　南國山川照夕曛，茱萸綠酒坐氤氳。煙波似惜湘沅晚，閶闔新愁河漢分。喜見天王朝十月，驚看太白下秦雲。江皋幾片聞秋色，並與登高一送君。

作於一五九〇年南京禮部祠祭司主事任上。西北邊事起，伍大儀被召入都，詩人為之送行，並寄以殷切期望，表現了詩人對國事的關切。對仗工整，清新俊逸。五言絕句如《雁山迷路》：

借問採茶女，煙霞路幾重？屏山遮不斷，前面剪刀峰。

作於一五九七年遂昌知縣任上，寫游雁蕩山迷路的情形，清新活潑，頗有天趣。又《覲回宿龍潭》云：

是歲春連雪，煙花思不堪。雨中雙燕子，今夕是江南。

作於一五九五年自北京上計歸途過鎮江龍潭時。寫煙花時節江南的美麗景致，清新可喜。又如《樓外二首》之一：

樓外珠簾瞰碧江，鏡前紅袖立紗窗。教將侍女高爇燭，怕見新歡影一雙。

這種香奩體詩在湯集中本不多見，在後期詩中也就顯得別具一格，清麗婉轉，細膩生動。《七夕醉答君東二首》其二云：

玉茗堂開春翠屏，新詞傳唱《牡丹亭》。傷心拍遍無人會，自掐檀痕教小伶。

自嘆知音恨少的傷心情懷，足見其心中塊壘。又如《八月三

日吳觀察得月亭夜宴已而客病主人別有淒然感人事之何常悵為歡之不易率然成韻並有懷人二首》其一：

多情多病莫多愁，纖月風亭得乍游。我亦池塘當戶好，斷雲城郭半侵樓。

作於一六〇〇年家居時，寫多愁善感的懷人情緒，真摯動人。又如《飲來青閣即事八絕》其四：

城南煙色遠萋萋，高宴城隅日未低。最是一春寥落處，秋千斜月畫樓西。

臨川周獻臣罷官後居來青閣，詩人宴飲於此，以詩紀事述懷。除了寫高宴的歡愉之外，還寫了夜深人靜之時的冷清與落寞。熱鬧之後終歸於沉寂，頗具哲思。情融於景，情景交融，深婉綿邈。

特色之二，詩歌題材多送別、贈答等內容，其他題材較少，故略嫌單一。在湯翁的詩集中，送別、贈答的題材占大多數。如上舉很多詩例都屬此類。

此外，還有如《送華楚客歸夷陵》：

聞君有期契，千里暮能遇。草綠朝雲宅，花深明月沱。春聲逐棹還，江色漾帆多。別有啼烏夜，殘琴清怨和。

　　寫景細膩工致，以景襯情，真摯的別情往往為繁縟的辭藻所掩，詩風清麗幽雅。又如七言絕句《病酒答梅禹金》：

　　　青樓明燭夜歡殘，醉吐春衫倚畫欄。賴是美人能愛惜，雙雙紅袖障輕寒。

　　看似狎妓之作，或許有所寄托。其他如《送長沙易掌故》《送陳仲道餉延綏》《送陸震卿》《送譚侍御歸茶陵》《送葉鹿吳明府》《送劉參藩南粵》《送游先民宣城訪禹金》《送袁生漢中》《送客歸岳州》等，俯拾即是。這些詩多少都帶有應酬的意味。與此相聯繫，宴飲內容也應屬於應酬範圍，數量也不少。
　　其他題材雖有，但詩歌數量不占多數。主要有：
　　（1）行役紀行之作，如《初至江閣》：

　　　朔方空水陸，南國自山川。夜月啼飛鵲，秋風咽斷蟬。宦游常是客，吏隱即為仙。剩有青燈在，鳴榔上酒船。

　　表現行役中的仙道思想，似是前期詩作。五律《初發瑤湖》，亦為紀行題材。
　　（2）寫景述懷之作，如《虞惔然在告》：

　　　瓏瓏浮闕定星光，河漢風清有報章。秋水岸移新釣舫，藕花洲拂舊荷裳。心深不滅三年字，病淺難銷十步香。剩有閒情堪弄月，西湖竹色未應涼。

表現吟弄風月的閒情。又如《銅陵》：

　　向夕燕支峽，遙分白馬耆。滄浪荷葉點，春色鳳心知。
邑小無城郭，人歡有歲時。誰憐江月影？懸弄五松枝。

透過描寫銅陵山水景致，表達對自然的熱愛。
（3）宴飲之作，如《八月謝家池宴二首》之二：

　　莫悲桃李散春煙，且向西池學採蓮。客興浪隨棋局點，
秋香那惜酒杯傳。花開木末紅宜笑，鳥下波光白可憐。是好
登高趁明日，遠山洲渚正晴天。

描寫池上宴飲的景致，表現文人雅興。五律《西園晚宴》，
與此類似。
（4）賞樂之作，如《梅花弄》：

　　嚴城畫角映悲笳，堂上尊殘片月斜。為聽主人寒絕處，
一溪煙水半梅花。

寫邊地欣賞梅花三弄笛曲的情形，表現音樂的意境。
（5）表達人生感慨之作，如五律《古意》：

　　春澹曲墀滋，風輝遙翠時。含晴望朝日，永嘆在新知。
郁郁青門道，悠悠湘漢期。玉壺起行酒，回淚濕青絲。

借古意之題，抒發對人生際遇的感受。又如《廣陵偶題二首》其一：

歲月隨人去，風塵可自如。偶然流淚處，翻著舊時書。

寫偶然翻到舊時書籍而流淚，表達對歲月流逝的感慨。正因為湯翁的詩歌多應酬之作，且題材內容比較單一，所以就限制了他詩歌的發展與成就。明代華淑云：「明興二百餘年來，詩道隆隆，稱為極盛。高、何、李、楊，標勝於前；王、屠、湯、袁，振響於後。」[44]雖不為過譽，但陳田和錢謙益的評述，似乎更公允、客觀些。

第五節 ▶ 明後期詞人

一、湯顯祖

生平事蹟及著述見本章第四節。

湯顯祖有《玉茗堂詞》一卷。沈雄云：「義仍精思異彩，見於傳奇。出其餘緒，以為填詞。」（《古今詞話・詞評》）大體符合實情。其詞現存十六首，多寫閒情閨思，風格婉約，數量雖不

---

44 華淑輯：《明詩選》卷首《序》，《四庫禁毀書叢刊》集部第 1 冊，北京出版社，1997 年版，第 3 頁。

多，但情文俱美，成就較高。如《好事近》：

> 簾外雨絲絲，淺恨輕愁碎滴。玉骨近來添瘦，趁相思無
> 力。小蟲機杼隱秋窗，黯淡煙紗碧。落盡紅灰池面，又西風
> 吹急。

　　寫女主人公的秋天相思之情，曲盡其妙。開篇以絲絲細雨襯
托淺恨輕愁，接著以玉骨新瘦、嬌弱無力寫主人公的相思情狀。
下片以周遭的環境襯托主人公的心情，含蓄蘊藉；結句借用「西
風愁起綠波間」（李璟《攤破浣溪沙》）和「風乍起，吹皺一池
春水」（馮延巳《謁金門》）詞意，以自然景物暗示女主人公內
心的波動、憂傷、無奈與美人遲暮之感，筆觸細緻，刻畫了古代
貴族女子的幽怨、淒清和孤獨。類似風格的詞又如《阮郎歸》：

> 不經人事意相關。牡丹亭夢殘。斷腸春色在眉彎。倩誰
> 臨遠山。排恨疊，怯衣單。花枝紅淚彈。蜀妝晴雨畫來難。
> 高唐雲影間。

　　此詞大概是題寫《牡丹亭》旨意的。《牡丹亭》表現的雖是
不合常理的人與事，但關涉的卻是人之常情──愛情。杜麗娘為
情而夢，為夢而逝，故言「夢殘」；游園而見春色，見春色而懷
春，相思而柔腸寸斷，這都寫在彎眉間，除了柳夢梅有誰能撫平
她秀眉間的相思呢？下片接著鋪敘杜、柳之間的情事。詞評家
云：「湯義仍詞，情文俱美，大致不出曲家窠臼。若阮郎歸之

『斷腸春色在眉彎，倩誰臨遠山』、『蜀妝啼雨畫來難，高唐雲影間』，舞身如環，綽有豐度，斯足稱矣。」（清張德瀛撰《詞徵》卷六）頗具識見。

特別值得一提的是湯顯祖對回文詞的繼承與創新。回文詞大致有兩種：一種是逐句逐句（即下一句與上一句是回文）構成回文，另一種是下片與上片構成回文，或同詞牌的下一首與上一首詞構成回文。前人稱第一種為「就句回者」，第二種為「通體回者」。前者始於蘇軾、朱熹，後者始於湯顯祖。湯顯祖繼承了第一種回文詞的傳統，同時也新創了第二種回文詞。前者如《菩薩蠻・邯鄲夢回文》：

> 客驚秋色山東宅，宅東山色秋驚客。盧姓舊家儒，儒家舊姓盧。隱名何借問，問借何名隱。生小誤痴情，情痴誤小生。

這是題寫《邯鄲夢》題旨的詞，用回文的形式，新穎別緻，回環往復，情韻流美。後者如《菩薩蠻・織錦回文》：

> 梅題遠色春歸得，遲鄉瘴嶺過愁客。孤影雁回斜，峰寒逼翠紗。窗殘拋錦室，織急還催織。錦官當日情，啼斷望河明。（其一）
> 明河望斷啼情日，當官錦織催還急。織室錦拋殘，窗紗翠逼寒。峰斜回雁影，孤客愁過嶺。瘴鄉遲得歸，春色遠題梅。（其二）

下詞對上詞構成回文，題材是傳統的游子、思婦內容，卻於回環往復中唱嘆有致，足見詞人運用文字技巧的嫻熟。類似的又如《菩薩蠻》：

> 還生赦泣人天望，雙成錦匹孤鸞悵。獨泣見誰憐，流人苦瘴煙。生親還棄杼，鴛配關河戍。遠心天未知，人道赦來時。（其一）
>
> 時來赦道人知未，天心遠戍何關配。鴛杼棄還親，生煙瘴苦人。流憐誰見泣，獨悵鸞孤匹。錦成雙望天，人泣赦生還。（其二）

同樣是兩首詞之間構成回文，表現流配之人遇赦生還、喜極而泣的情景，觸及人性之處，令人慨嘆。對於湯翁的回文詞新創之舉，不應該僅以文人墨客玩弄文字遊戲視之。清王弈清引《今古詞選》云：「湯義仍文采風流，照耀一世，出其緒餘，以為填詞。如回文《菩薩蠻》《添字昭君怨》，皆傑作也。」（《歷代詞話》卷十）評價甚高，可以參考。

二、鄭以偉

鄭以偉（？-1633），字子器，一字子鑰，自號笨庵，上饒人。萬曆二十九年（1601）進士，改庶吉士，授翰林院檢討。累遷少詹事。典萬曆四十年浙江鄉試，萬曆四十六年再典江南試。未幾，典武場會試，奉命冊封慧妃，陪琉球國使蔡堅俱如禮。泰昌元年，由詹事府少詹兼翰林院侍讀學士，教習庶吉士。升禮部

右侍郎兼翰林院侍讀學士，天啟元年加太子賓客，尋以左侍郎協理詹事府。崇禎二年，召拜禮部尚書。四年，直講經筵，與魏忠賢忤，上疏乞歸。五年（1632），與徐光啟並相。以偉修潔自好，書過目不忘，文章奧博，而票擬非其所長。累乞休，不允。崇禎六年（1633）卒於位。賜葬祭，諡文恪。生平事蹟見《明史》卷二百五十一、《江西通志》卷八十六等。

關於其字，一作「子鑰」。《明詩綜》作「字子夫」，《千頃堂書目》卷二十六同。考鄭以偉撰《自敘》作「字子鑰」，《禮部志稿》卷四十二亦作「字子鑰」，疑其一字「子鑰」。有《靈山藏集》《沍泥集》，《四庫禁毀書叢刊》集部第一七五冊四一九頁錄其《靈山藏》二十二卷，詞附卷五，即《靈山藏詩餘》一卷。其詞現存二十九首，題材多為贈答、賀壽、詠物等內容。整體成就不高。

參考文獻

1. 陳田：《明詩紀事》，上海古籍出版社，1993 年版。

2. 黃宗羲：《明儒學案》，中華書局，1985 年版。

3. 江西省文學藝術究所：《湯顯祖研究論文集》，中國戲劇出版社，1984 年版。

4. 《明史》，中華書局，1974 年版。

5. 毛效同：《湯顯祖研究資料匯編》，上海古籍出版社，1986 年版。

6. 裘君弘：《西江詩話》卷七，《續修四庫全書》第 1699

冊，上海古籍出版社，1997 年版。

7. 錢謙益：《列朝詩集小傳》，上海古籍出版社，1983 年版。

8. 饒宗頤初纂，張璋總纂：《全明詞》，中華書局，2004 年版。

9. 宋佩韋：《明文學史》，上海商務印書館，民國二十三年版。

10.《四庫全書總目提要》，河北人民出版社，2000 年版。

11.《四庫禁毀書叢刊》，北京出版社，1997 年版。

12.沈德潛、周准：《明詩別裁集》，上海古籍出版社，1979 年版。

13.王昶輯，王兆鵬校：《明詞綜》，遼寧教育出版社，1997 年版。

14.徐朔方：《湯顯祖評傳》，《中國思想家評傳叢書》，南京大學出版社，1993 年版。

15.徐朔方：《論湯顯祖及其他》，上海古籍出版社，1983 年版。

16.朱彝尊輯：《明詩綜》，中華書局，2007 年版。

明末清初江西詩詞

天啟、崇禎及明清之際為明末清初時期。這時期的江西詩詞領域作家眾多，就像璀璨的星空一樣，群星閃爍。儘管沒有出現像此前的湯顯祖那樣的文學巨匠，也沒有大批的理學名家，但這時期的詩詞作家們以各自富有個性的詩詞創作為江西文壇增添了色彩，主要作家有費元祿、歐陽鉉、傅冠、曾燦、萬時華、陳允衡等，作品數量最多的是曾燦，成就較高的是曾燦和萬時華。

首先，「豫章詩社」之首的萬時華擅長五言詩、七言律詩，五古平淡自然，近於陶、韋，七言律清婉流麗，似溫、李。

其次，在李自成推翻明王朝和清軍入主前後，江西湧現了一批殉國詩人和遺民詩人，他們或與王朝共存亡，或戰敗被俘而就義；或潔身自好，隱遁山林而不出仕異族新朝，保持節操。

前者主要有：聞李自成陷京城而上吊自殺的李邦華，其文敘事詳瞻而有條理，說理充沛有氣勢；與李邦華一樣盡忠殉節的吳甘來，詩如其人，《絕命詩》沉痛哀婉，盡顯其忠肝義膽；督師抗清被部下出賣，被俘而不屈死節的袁繼咸，其詩常常以文天祥自況，表現民族氣節，沉鬱悲壯；為抗清而由僧還俗的黃端伯，深於佛理，故於死生了然，小詩別有清趣，近體瀏亮，雖近禪卻

無蔬筍之氣；頑強抗清，贛州城陷後投水而死的楊廷麟，以文天祥、謝枋得為榜樣，詩歌慷慨淋漓，好用不尋常的構思，苦心遣詞造句，語句略顯艱澀，且不甚合律，但秀異聳拔，文風豪放，文筆銳利；督師抗清，兵敗被俘，受刃而死的揭重熙，詩多表明志節，獄中之作，尤豪邁可感。

後者以地域分，主要有：

（1）南昌遺民作家：入清後屢薦不起，移居章江，輯《宋遺民錄》以見志的陳弘緒，詩歌瘦硬生新，以懷古寓隱士情懷；入清後絕意仕途，以詩自娛，後流寓僧舍，憂憤而死的王猷定，古詩發思古之情，具《離騷》之情調，近體以五律居多，哀婉動人；才雄氣盛，拒不出仕而死於盜賊之手的徐世溥，詩寫身遭亂離之憔悴枯槁，令人難以卒讀；明亡後絕意仕進，結草廬而居，高壽而終的黎元寬，懷古詩寄托深婉，有後人不及處。

（2）「易堂九子」中的詩人：以古文實學為歸，振起一代風氣的領袖人物魏禧，詩文關注現實人生，詩歌成就不及古文；秉承兄志的魏禮，五言古詩辭樸而意深，煉句有近於唐人處；年齡最長的李騰蛟，詩不多，不標榜家數，但有精悍之色；調停於易堂、髻山、程山之間的彭士望，詩兀傲有似山谷，激烈之氣則近放翁；宗室後裔的朱議霶，詩風沉著朗暢，時露淡淡的故國之思。其餘如魏祥、邱維屏、彭任、曾燦，各以其創作實績展示在世人面前。

（3）以節概聞名的髻山學派作家宋之盛，詩歌涵詠性情而自得，但有時好議論，不免道學氣。

（4）程山學派作家謝文洊，由禪入陽明心學，再轉為程、

朱理學，詩文欲學易堂諸子，而自覺才短終不能就。

　　此外，明末江西還有一批小有成就的詩人，他們的創作都富有個性特色。主要有：蕭士瑋，其詩獨到之處，瘦削清冷，詩歌瘦硬尖新，取法黃庭堅，近體綺麗偶爾似陸游《沈園》等，儼然宋人佳境；「才調集派」詩人楊思本，詩歌情韻婉轉，穠麗秀美。

　　最後，除上述作家外，明末江西還有一批著述繁富的作家，他們以豐富的創作實踐繁榮了明末江西文壇。主要有：熊明遇，詩歌各體皆備，多寫景述懷之作，風格清新流麗，情辭婉暢；故相家的貴公子費元祿，懷古之作寓滄桑之感，流連園林山水之作不乏佳句、警句；剿海寇有功的鄒維璉，詩歌多遣興抒懷之作，好用典故，好發議論，有時用比興手法，詩風或沉鬱蘊藉，或情理融合，頗富哲理；鄭仲夔，著述雖富，卻未見其詩文集及其詩文作品，難以細論；文德翼，人品清逸，詩歌雖有文辭羅列、堆砌的缺點，但不失於和平婉順。

　　總之，明末江西詩詞領域很是熱鬧，不僅作家數量眾多，而且創作實績也較為突出，在即將謝幕的明代江西文壇上留下了屬於自己、屬於時代的重彩濃墨。

第一節 ▶ 「豫章詩社」之首的萬時華

萬時華（1590-1639），字茂先[1]，南昌人。其父任馬湖太守時，時華生而穎異，於經、子、史無不歷覽成誦。不曾入仕，與同鄉陳弘緒友善。冢宰李長庚任江西布政時，合十三郡能文者為「豫章社」於南昌，以時華與萬曰桂、喻全祀為首，而時華尤為所推服。工詩暨古文、詞。其詩「取法陶謝、李杜諸家，不襲前人，不循近派，格惟其高，語惟其淡遠；古文權衡於柳子厚之奇峭，而雜以永叔之能敘事」[2]。一時以碑版、志銘、傳記、序錄請者無虛日，負海內重名幾四十年，卒艱於一第。崇禎中保舉，守令詔下，布政使朱之臣列其品行聞於朝，應征北上，抵維揚輒病，竟不起。其「生平事父孝友，於弟與人無疾言遽色，廉讓節儉……於古今得失、國家是非、時政利害，識始慮終；議論之所及，節概之所操持，雖賁育、慶忌不能奪也。學使侯峒曾稱之曰『真儒』，舉而祀之學宮」[3]。生平事蹟見陳弘緒撰《敦宿堂萬征君傳》和《大清一統志》卷二百三十九等。

有《漑園集》《園居田居東湖集》《詩經偶箋》等，《豫章叢書》錄其《漑園詩集》五卷，《四庫禁毀書叢刊》集部第一四四冊二四五頁錄其《漑園初集》二卷、《漑園二集》三卷。陳弘緒稱：「茂先文擬柳州，古詩在陶、韋間，近體時義山，時放翁。

1　秦良：《〈江西歷代文學藝術家大全〉作家生卒年補遺》考證，《江西教育學院學報》，1992 年第 4 期，第 25 頁。
2　《江西通志》卷七十，文淵閣《四庫全書》本。
3　《江西通志》卷七十，文淵閣《四庫全書》本。

要成茂先本色，不拘拘叔敖之衣冠也。」[4]《御選宋金元明四朝詩‧御選明詩》卷三十四有周岐《送豫章萬茂先秋浦劉宗伯應征辟》一詩，略知其交游情形。其詩，《江西通志》錄四首，《御選明詩》錄五首，《明詩綜》錄五首，《明詩紀事》錄十三首。

萬時華擅長五言詩、七言律詩。其中，五言古詩多山水田園內容，詩風平淡自然，近於陶淵明、韋應物；七言律清婉流麗，似溫庭筠、李商隱。如五言古詩《歲暮田居》十九首，今錄一首以見一斑：

中歲頗憂患，苦為俗所嬰。詩書沿先轍，且復愛斯名。晨梳啟青鏡，覽容時自驚。白日照東壁，素月已西楹。莫疑造化理，榮悴緣物情。弱草無強蔓，苦茶無甘英。

寫田居生活及感受，從內容、語言到風格都酷似陶淵明的田園詩。故裘君弘謂「征君（即萬時華）有《歲暮田居》十九首，蘇武子、陳士業稱其甚似淵明」，並引陳士業之語曰：「古詩在今日，七言未亡，五言亡耳。能存五古者，落落乾坤，僅一茂先。詩本二十首，以見嗣響《十九首》，賴此十九首。」[5]視之為《古詩十九首》的嗣響，可備一說，但「僅一茂先」之語，則不

---

4 陳弘緒：《江城名跡》卷二「芳樹齋」條，文淵閣《四庫全書》本。
5 裘君弘：《西江詩話》卷九「萬時華」條，《續修四庫全書》第 1699 冊，第 573 頁。

免溢美。而五古《曉度牛嶺》云:

> 巨靈辟幽壤,瀚然劃茲區。勢若群兕蹲,亦若千羊趨。
> 寒光積岩壑,高厚氣有餘。恍疑虎豹宅,或有仙人居。山中
> 建子月,萬嶺天風俱。雲雨助奇勢,車馬爭盤紆。鴻蒙遇雲
> 將,靈境將焉如。

寫牛嶺的崢嶸氣勢,設想為巨靈所辟的幽壤、靈境,充滿神
奇的色彩,其浪漫的風格則與平淡詩風有別。五言律詩如:

> 四渡章門水,歸與益黯然。講依壇際杏,離引曲中弦。
> 野色朝隨馬,溪聲暮入蟬。西風時念爾,千里太行煙。(《送
> 衛子建歸河東》)
> 宿雁分朝影,章門野水邊。弟兄嗟遠道,離別畏中年。
> 風定晨開纜,江寒早著綿。淮陰垂釣處,今古易潸然。(《送
> 重熙一兄之淮陰》)

兩首均為送別詩,離別氛圍並不濃郁,詩風澹逸。總之,五
言是其用力較勤且較偏愛的詩體,他的絕筆詩和臨終時口占的四
絕都是五言詩體,正如裘君弘所云:「征君五言尤工,深厚其
氣,澹逸其姿,多酷似唐人處。嘗有句云:『大業千秋社,偏師
五字城』,或亦自為寫照。」七言律詩也是他有所成就的詩體,
風格清婉流麗,近似溫、李。如《吏隱亭》:

橋水東西孺子鄰，當年仕隱各全身。龍蛇今古孤亭晚，桃李晴陰萬井春。大漢冰霜留氣韻，重湖煙月照精神。因君敢慢今時尉，簿領驅馳或有人。

以崇敬的筆觸，讚頌了梅福的高風亮節。又《孺子祠》：

舊宅曾聞傍水濱，祠堂古岸照嶙峋。五陵樹已迷狐兔，一榻香猶薦藻蘋。意氣何人傾赤社？英雄滿地兆黃巾。當年龍戰終多事，千古冥鴻屬外臣。

由物及人，由吟詠亭祠等古跡到讚頌古人的高潔情懷，清亮婉轉。又如《被征後入里門作》二首，裘君弘評曰：「二詩忠孝藹然，令人挹之不盡。」[6]其他如《過素園理雲將遺集淒然有作》《下第送芭孫之蕪江兼訊崑銅諸子》《與黎美周徐巨源飲喻京孟瑤光昆仲三洲亭夜泛舟於湖有作》等，語言精美溫潤，體備氣醇，清婉流麗，故陳田云：「集中七律，清婉瀏亮，尤為獨絕。」[7]其他七言詩也不乏佳作。七絕如《丙子述懷》十六首、《丙子五日悼姬》五首等，淒惻動人，故裘君弘稱：「茂先征君詩，情緒綢繆，詞旨淒惋，令後人讀之，有涼風碧草之思。豈即所謂天下

6 裘君弘：《西江詩話》卷九「萬時華」條，《續修四庫全書》第 1699 冊，第 574 頁。
7 陳田：《明詩紀事》，第 3371 頁。

有心人耶？抑其時與遇實為之耶？《丙子述懷》十六絕，乃秋賦報罷之作，中間悼往懷來，幾不忍讀。」[8]又有七絕《遣阿渭乳媼》二首，尤稱慘絕。七言古詩如《夕佳樓》，所詠偰家樓，在府治南昌西北。元末，偰列箎闔門死難，有司徙其樓於城上，以表彰其忠烈。一作薛家樓，嘉靖間，巡撫都御史何遷取陶淵明「山氣日夕佳」之語，更名為夕佳樓。詩歌鋪陳忠烈事蹟，頌揚其義行，慷慨悲歌，悠揚婉轉，頗有初唐七古之風。

第二節 ▶ 殉國詩人

一、袁繼咸、黃端伯

　　袁繼咸（1598-1646），字季通，別號臨侯，宜春人。天啟五年（1625）進士，授行人。崇禎三年，擢御史，監臨會試，坐縱懷挾舉子，謫南京行人司副，遷主客員外郎。七年，擢山西提學僉事。十年，除湖廣參議，分守武昌。詔兼僉事，分巡武昌、黃州。十二年，移淮陽。明年擢右僉都御史，撫治鄖陽。十五年，起故官，總理河北屯政。未赴，擢兵部右侍郎兼右僉都御史，總督江西、湖廣、應天、安慶軍務，駐九江。南都偽太子事起，左良玉反，兵至九江，繼咸詣其舟，正色折之，良玉約不破城，駐

8　裘君弘：《西江詩話》卷九「萬時華」條，《續修四庫全書》第 1699 冊，第 572 頁。

軍候旨。會良玉死，繼咸勸良玉子夢庚旋師，不聽。已而夢庚及繼咸舊部郝效忠降於清，執繼咸北去，繼咸不屈，清順治三年被殺。生平事蹟見《明史》卷二百七十七、《東林列傳》卷十《袁繼咸傳》等。其詩，《御選明詩》錄一首，《明詩綜》錄二首，《明詩紀事》錄一首。朱彝尊《靜志居詩話》云：

> 侍郎處危疑之際，內抑權奸，外調重鎮，備極苦心。晚授命於燕京，堪與左仲及比烈……又自銘曰：「大官好做，大節難移。成仁取義，前訓是師。文山袁山，仰止庶幾。」袁山，侍郎自號也。[9]

袁繼咸以南宋抗元的愛國英雄文天祥自況，可見其民族氣節。詩如其人，多為對自己志節的表白，詩風或慷慨悲涼，或沉鬱悲憤。如《讀謝皋羽西台慟哭記》：

> 南方有朱鳥，飛中虞人弦。飼以金精粒，對之不下咽。粒味豈不旨，不如南土泉。黃冠志弗遂，碧血流濺濺。有客感意氣，慟哭西台顛。擊碎鐵如意，悲響震嚴川。歸舟不成寐，彷彿語燈前。嗟彼積翁羅，我非雀與鳶。夢炎何足刺，知己殊未然。周粟不可茹，箕疇曾未傳。生死良非苟，忠孝各自全。謝子幽明契，聊以秘懷宣。言罷倏不見，月明高在

9 陳田：《明詩紀事》辛籤卷六上，第 2904 頁。

天。

以南方朱鳥泣血比興，表明自己不食「周粟」、誓死盡忠的
志節與決心，沉鬱中寓慷慨悲憤之氣。又如《雪日》：

　　雪片大如掌，忍飢不可齒。愧無子卿氈，敢墮漢臣節？
鑽牖瞰扶桑，晨曦未全滅。花發嶺南枝，羅浮夢空結。

真實地反映詩人抗清鬥爭的情形，以蘇武持節牧羊的典故表
明自己保持節操的志向，詩末流露出對抗清形勢不利的悲憤心
情，以麗景寫哀，倍增其哀，詩風沉鬱悲涼。

黃端伯（1585-1645），字元公，新城（今黎川）人。崇禎元
年（1628）進士，除寧波府推官，改杭州府推官。行取赴都，母
憂歸。服闋入都，疏陳益王居建昌不法狀，詔候勘，避居廬山。
福王立，以薦起。明年，官禮部儀制司主事。順治二年（1645）
五月，南都破，諭之降，不從，死難。乾隆時賜諡烈愍。端伯生
平好佛，嘗鐫私印曰「海岸道人」，取《楞嚴經》「引諸沉冥，
出於苦海」之語。及晚年，磨去印文，改鐫「忠孝廉節」四字。
生平事蹟附見《明史》卷二百七十五《高倬傳》中、《四庫全書
總目》卷八及卷一百八十等。有《易疏》《瑤光閣集》《廬山集》
《東海集》《還鄉集》，《四庫全書存目叢書》集部第一九三冊錄
其《瑤光閣集》十二卷、《外集》二卷、《明夷集》一卷（清乾
隆間黃佑刻本）。《靜志居詩話》稱「元公近體瀏亮，雖注意逃

禪，都無蔬筍之氣」[10]。其詩，《明詩綜》錄五首，《御選明詩》錄五首，《江西詩徵》錄六首，《明詩紀事》錄四首。

為僧前，所作詩多行役紀游等篇什，不時流露出羈旅之愁與退隱之意；避居廬山為僧時，所作詩多涉禪家語，如偈語，多空疏；加入抗清隊伍後，詩風大變，多慷慨悲壯之氣。為僧前之詩，如《山陰道中》：

> 夙昔流觴地，回溪曲曲盤。遙憐沙月迥，漸覺海天寬。暮色橫煙暝，春陰閣雨寒。自耽泉石趣，無夢到長安。

春天行進於山陰道中，所見幽美景致，沉浸於泉石之趣，不會有夢闕戀闕之心，隱逸之情見於言外。又《建德道中》云：

> 青天霜氣迥，匹馬立平沙。遠道風千里，寒城月萬家。亂山盤徑險，深樹引堤斜。夙昔悲秋意，偏於作客賒。

秋天騎馬行走在亂山盤徑與深樹斜堤之途，披星戴月，更增添了客子的悲秋之情，羈旅之愁躍然紙上。又《夜泊龍湖登仙居閣》云：

10　《靜志居詩話》卷二十，周駿富編《明代傳記叢刊》010 冊，台灣明文書局，1991 年版，第 136 頁。

閣夜鳴風迅，江天度月寒。石林幽獨到，沙路暝相看。
倒樹斜懸壁，驚濤急下灘。長懷仙境勝，便欲棄儒官。

以奇險之境隱喻險惡的官場，詩末直抒胸臆，表達了長懷仙境、欲去儒官的隱遁思想。為僧時詩見於《瑤光閣外集》，多偈語。如《答黃安止》：

盧山堪破祖師禪，古月行空萬里圓。顛倒慣騎泥馬走，懶頑常抱水牛眠。銀山鐵壁門門透，柳市花街路上穿。不是一番寒徹骨，梅香爭得占春先？

滿眼都是禪語，對照後來詩作，似為遊戲筆墨。類似的詩篇還有，如《贈廖瑞客》《上貢二山大參》《寄石軫余大參》等。

其成就最高的詩，要數晚年督軍參戰、獄中述懷之作，慷慨悲歌，感人肺腑。如《從軍行》二首：

萬里長城北，蕭條白草荒。風沙吹不去，秋色正茫茫。
日冷行空壘，天低壓戰場。別來一回首，何處是家鄉。
遼落蕭關外，陰風萬馬肥。至今勞北顧，何敢念東歸。
列戌傳金柝，寒沙臥鐵衣。戰場春不到，白雪作花飛。

繼承了邊塞詩的優良傳統，寫出了從軍的豪情壯志。前者寫淡淡的鄉愁，後者寫不畏嚴寒的豪邁與樂觀，頗有岑參邊塞詩的格調。其獄中詩見於《明夷集》中。如《謝鄧貢玉過訪》：

六月霜飛薊谷幽，金風掃卻冷如秋。獄中掘出龍泉劍，
也似豐城射斗牛。

　　身在獄中，卻仍然鬥志不減，希望能掘出寶劍，力挽狂瀾，
其頑強的鬥爭精神令人感奮。又《六月二十六日別家人》云：

　　義士何憂死？忠臣不愛生。只留方寸赤，千古現光明。

　　與家人訣別，視死如歸，堅信只要赤膽忠心，必能迎來光
明，浩然正氣，感天動地。又《別友》云：

　　金剛寶覺王，遍界現神光。欲識分身處，刀山是道場。

　　與友人訣別，同樣把生死置之度外，以禪語寓志，視滿是刀
山的屠場為道場，其超然、坦然之態令人鼓舞、振奮。這些詩歌
語言雖然質樸，感情與氣勢都很充沛，很有感染力。陳田曰：
「元公深於佛理，故於死生了然。小詩別有清趣。」[11]也是就此
類詩而言的。

二、吳甘來、楊廷麟、揭重熙

　　吳甘來（1599-1644），字和受，一字節之，號葦庵，新昌

11　陳田：《明詩紀事》，「田按」，第 2906 頁。

（今宜豐）人。吳之才之子。甘來與兄泰來同舉鄉試。崇禎改元，甘來成進士，授中書舍人。五年，擢刑科給事中。後丁憂歸，服闋，起史科，進兵科右給事中，乞假歸。十五年，起歷戶科都給事中，以敢言稱。十七年，李自成軍迫近都城，泰來官禮部員外郎，甘來遺書囑兄歸事母，而自誓必死。明日，城陷，遂投繯死。福王時贈太常卿，謚忠節，清朝賜謚莊介。生平事蹟見《明史》卷二百六十六、《東林列傳》卷九《吳甘來傳》等。

　　《四庫禁毀書叢刊》集部第一四二冊三〇三頁錄其《吳莊介公遺集》六卷、首一卷。其詩，《明詩綜》錄一首，《御選明詩》錄一首，《江西詩徵》錄二首，《明詩紀事》錄一首。詩歌存世不多，據邢福山《序》，《吳莊介公遺稿》初刻於順治九年，有疏、策、敘、記、傳、銘、墓表、書、詩，共八十餘篇。他的《經彭澤》云：

　　　　亦有東籬菊，何人尚隱居。夕陽催進艇，殘夜擬焚魚。物變看多異，名高謗未除。懷歸無長物，猶有一床書。

　　乞假歸家，途經彭澤，想起當年隱居而採菊東籬的陶淵明。夕陽在山，彷彿催舟趕路，殘夜煮魚而食。時光流逝，看萬物都在變異，盛名雖在而遭受的毀謗卻沒有消除。如今兩袖清風地回家鄉，只有書籍可以為伴消愁。在詩中，詩人如實地記錄了自己的心情。作為忠節之士，他也有一副忠肝義膽，這在他的《絕命詩》中表現得淋漓盡致：

到底誰貽四海憂，疾雷悄悄破城頭。君臣義命乾坤曉，
狐鼠干戈風雨秋。極目山河空淚灑，傷心仁義此身體。洵知
世局難爭計，願取忠肝萬古留。

　　面對無法挽救朝廷敗亡的局面，念及君臣恩義與使命，除了
傷心灑淚之外，只有殺身成仁，留下忠肝義膽。語言質樸，但情
感厚重，沉痛哀婉。

　　楊廷麟（？-1646），字伯祥，一字機部，清江人。崇禎四年
（1631）進士，改庶吉士，授編修。勤學嗜古，有聲館閣間，與
黃道周善。十年，皇太子將出閣，充講官兼直經筵。改兵部職方
主事，讚畫盧象升軍。無何，象升戰死。十六年秋，復授職方主
事，未赴，都城失守。福王立，用御史祁彪佳薦，召為左庶子，
辭不就。順治二年，南都破，唐王手書加廷麟吏部右侍郎，攻復
吉安，加兵部尚書兼東閣大學士。三年，吉安復失，退保贛州，
清兵圍贛半年，城陷，投水死。生平事蹟見《明史》卷二百七十
八、《欽定勝朝殉節諸臣錄》卷三等。有《清江楊忠節公遺集》
（六卷，清同治三年（1864）本）、《兼山集》。因他每與故人書
信輒自署「兼山」，旨在以兼文天祥、謝枋得二公自況，故以名
集。《四庫禁毀書叢刊》集部第一六五冊四六五頁錄其詩集《兼
山集》四卷，《靜志居詩話》稱「伯祥慨忼淋漓，特取材未純，
故辭多郁轐」[12]。其詩，《明詩綜》錄八首，《御選明詩》錄四

首，《江西通志》錄九首，《明詩紀事》錄二首。

　　楊廷麟為詩往往構思非常，苦心遣詞造句，語句略顯艱澀，雖偶犯格律，但秀異聳拔，直抒胸臆。如《懷楊進士》：

　　　　青青東門阪，上有藤蘿結。願得一心人，白首無磷涅。周才慎所處，不敢居明哲。開戶見性情，群動齊巧拙。翔鳥安其巢，離獸營彼穴。萬物各為友，吾生何所悅。名山豈易求，耦耕效長桀。

　　藉女子的口吻，先以東門阪上所結藤蘿起興，表達了與忠貞不二的人白頭到老的願望，後以翔鳥、離獸暗喻不顧國家命運只顧個人利益的群小，最後表示於國難之際即使欲效長沮、桀溺隱居也做不到。善用比興和典故，構思巧妙，但因為過分注意詞句而使詩意有些艱澀難懂。忠於國家、君王，不能明哲保身，對貪圖私利的小人很厭惡，不能超然於世外，詩歌的主旨尤其顯得優異特出，立意高超。又如《諸葛武侯祠》：

　　　　霸氣西南日，嘗聞屢出師。才為王者佐，學與古人期。柏剩一孤樹，桑移八百枝。中原仍帝魏，遺恨史臣辭。

　　借吟詠諸葛亮表達願為國難效力而竭盡忠誠的決心，詩末對

頁，台灣明文書局，1991 年版。

諸葛武侯不能收復中原的遺憾加以渲染，增添了悲婉的氛圍。又如《秋興四首》：

北湖菱葉近漁家，煙浦荒荒雁路斜。濕鳥立沙聞社鼓，野人當戶飼田瓜。月明露上蒲萄蔓，夜靜風生菱蕩花。悵望故園溪外渡，一聲橫笛冷兼葭。（其一）

司戶祠前一騎回，邊烽未舉嫚書來。漢臣獨有和戎策，楚子誰稱執政才。半壁但愁軍餉乏，三關不睹陣雲開。最憐風雪盧龍塞，換取牙門酒一杯。（其二）

強弩將軍七萬營，銀鞍金甲耀東征。市兒果銳輕言戰，上相安危慎用兵。海鳥自啼狼虎嶺，妖星空照鳳凰城。河西百里無消息，又道青山夜火明。（其三）

漢家歲歲戍居延，新築渾河北斗邊。文學未諳《鹽鐵論》，公卿誰進度支錢。高城寒聽菇蒲雨，戰骨秋枯苜蓿田。壯士不聞還易水，至今賓客淚潸然。（其四）

四首詩均屬秋天遣興述懷之作，多用典故，語言不免鬱轕，詩風慷慨蒼涼。其他如《寄李尚書》《丙戌元日》等詩，「高渾深麗，軍中從容慷慨，戎服賦詩，見具整暇」[13]，整暇，既嚴謹而又從容不迫之意。

13 吳偉業：《梅村詩話》，第 74 頁，王夫之等撰，《清詩話》上冊，上海古籍出版社，1978 年版。

　　揭重熙（？-1651），字祝萬，一字萬年（《別號錄》卷八），號蒿庵，臨川人。崇禎十年（1637）以五經登進士，授福寧知州。福王時，擢吏部考功主事，外艱歸。以考功員外郎兼兵科給事中，尋擢右僉都御史。永明王拜重熙兵部尚書兼右副都御史，總督江西兵，敗還。後被執，受刃死。乾隆時賜諡忠烈。生平事蹟見《明史》卷二百七十八、《欽定勝朝殉節諸臣錄》卷二等。有《蒿庵集》，《四庫禁毀書叢刊》集部第一八二冊五五三頁錄其《揭蒿庵先生文集》八卷。其詩，《江西通志》錄三首，《明詩紀事》錄一首。前期詩歌多行役紀游之作，風格或清麗蒼涼或壯麗蒼勁。如《憶郁孤》其一：

　　　　茉莉成畦香滿區，船船米賤換屠蘇。郁孤台岇還依舊，不識陽明祠在無。

　　憶及郁孤台，茉莉香在，糶米船遠，郁孤台憑恃的山峰依舊挺立等印象，已記不清陽明的祠堂是否還在。暗寓人世變遷的主旨，詩風清麗蒼涼。又如《良安峽》：

　　　　壁立雙崔嵬，巨靈何日開？氣為王國壯，水向帝城來。舟入似無罅，濤生欲噴雷。瞿塘徒擁蜀，高詠少陵才。

　　寫良安峽的激流和兩岸崔嵬的山勢，氣魄非凡；最後以少陵詩才收結，頗有自況的意味。其後期詩歌多反映其戎馬倥傯的戰鬥生活和被囚獄中的情景，往往寓含慷慨沉鬱之氣。如《仙人

石》：

> 仙人何處去？空有仙人跡。時一聞笙簫，玄雲來絕壁。

　　詠嘆仙人石，聞聽笙簫吹奏的《玄雲》之曲迴旋於絕壁之間，彷彿置身於戰場。玄雲，漢鐃歌名，列為鼓吹曲，用於戰陣之事。《晉書·樂志下》云：「漢時有《短簫鐃歌》之樂，其曲有……《玄雲》《黃爵行》《釣竿》等曲，列於鼓吹，多序戰陣之事。」登山賞景之餘，仍念念不忘軍中戰事，表現了詩人對時局的關切。其於建寧獄中所作詩，見錄於《遺集》中，多為表明志節之作。又如《慟亡集》：

> 歷盡崎嶇鬢欲斑，一生萬死了如閒。文章未必堪天妒，只字曾無在世間？

　　此為題《慟亡集》之作，表達了視死如等閒的豪邁精神。其他如《絕筆》《建獄作三首》《辛卯午日偶成》等，大抵如此。

第三節 ▶ 儼然入宋人佳境的詩人蕭士瑋

　　蕭士瑋（1585-1651），字伯玉，泰和人。舉萬曆四十四年會試，天啟二年（1622）賜同進士出身，授行人。謫河南知事，歷南京吏部郎中。福王時拜太常卿，後拂衣歸，坐臥春浮園中著書，樂道以終。生平事蹟見《江西通志》卷七十九、《千頃堂書

目》卷二十七等。有文集《日錄》《春浮園集》,《四庫禁毀書叢刊》集部第一〇八冊第四六七頁錄其《春浮園文集》二卷,《明詩綜》引趙輯退語云:「先生詩以才慧勝,出入宋元。」[14]陳田稱:「伯玉論詩,取律細格老,故不輕落筆。力矯王、李之弊,時入尖新,與『公安』同趣。其獨到之處,瘦削清冷,儼然宋人佳境。」[15]其詩,《御選明詩》錄五首,《明詩綜》錄五首,《江西詩徵》錄六首,《明詩紀事》錄五首。他的詩歌瘦硬,聲音清越,尖巧新穎,取法黃庭堅,近體綺麗偶爾似陸游,儼然入宋詩的佳境。如五言律詩《客愁》:

> 不待秋風起,思鄉念已生。髮愁今夜白,月好故園明。
> 孤客人千里,荒城鼓二更。停燈沽濁酒,屈指數游程。

寫客居他鄉之愁及急切的盼歸之情,注重煉句,點化前人詩句。「髮愁今夜白,月好故園明」,即是點化杜甫《月夜憶舍弟》中「露從今夜白,月是故鄉明」詩句。這種「脫胎換骨」的方法正是效仿黃庭堅。詩風瘦硬,文辭格調不同流俗。又如《春日送繆當時被謫南歸》:

14　朱彝尊錄,邵士楨輯評:《明詩綜》卷六六,康熙四十四年六峰閣刊本。

15　陳田:《明詩紀事》,第 3248 頁。

正好留連日，翻為惜別人。憐君愁對酒，作客怕逢春。芳草迷歸棹，啼鶯傍逐臣。東風如有意，莫遣柳條新。

　　字斟句酌，反覆渲染離別的氛圍，詩末又化用李白《勞勞亭》中「春風知別苦，不遣柳條青」詩句，深化了送別的主旨，瘦勁新穎。又《滁陽晚行》詩云：

　　禾黍斜陽道，秋風匹馬行。古原荒霧白，野水暮雲平。酒逐年偏減，情因老更生。不知今夜月，何似故鄉明。

　　寫羈旅行役之愁，以富有特色的系列意象如「禾黍」「斜陽」「秋風」「匹馬」「古原」「暮雲」「夜月」等疊加，營造出濃郁的氛圍。因為年老的緣故，量在逐年減少，情感卻在增加，一增一減，對照鮮明，言簡意深。無論體制格調，還是文辭，都顯得清秀脫俗。七言絕句如《月夜西泠橋》：

　　霧鬢煙鬟逐處嬌，輕風著面酒初消。月明故國三千里，人在西泠第一橋。

　　西泠橋在杭州孤山西北盡頭處，詩歌可能是懷想曾經在此地相遇相知的女子。前半刻畫女子的美麗面容和姣好的情態，後半懷人兼懷故國。在體制格調和意境方面與陸游的《沈園》二首有相似之處，不同的是此詩多了故國之思，內涵雖更深廣，但不如陸詩悲婉動人。而《快閣次山谷韻時聞楚警》等和韻之作，更是

明顯取法山谷。故錢謙益云：「伯玉之詩，體氣清拔，瘦勁夐兀，取法涪翁。向謂今體似放翁者，餘波綺麗，偶然合耳。」[16]
五言絕句如《寓意》：

　　　　芟茅宜楚地，無如盧阜美。五步一溪雲，十步一溪水。

　　芟除茅草，結盧安居，在楚地（洞庭湖以北）較適宜，但比不上盧阜（可能指詩人家鄉附近的山）的景致優美，上有藍天白雲，下有潺潺溪水。寓寄情山水之意，詩風清新自然，與瘦硬生新的詩歌比，別具一格。
　　此外，蕭士瑋的文學觀也頗值得注意，他的詩學主張「律細格老」，注重錘煉，力矯「後七子」之弊，與「公安派」相近。如他在《蕭齋日紀》中云：

　　　　余作詩最少稿，復散在諸帙中，茲稍葺而錄之。馬季房語余曰：「近人之詩蕪音最多，切響甚少，何也？」余謂：「律細格老，與年俱進，皮毛脫略，乃見真寶。邊人畜良馬，初不令其跳躑，每夜必緊其銜勒，不容親水草，旬餘浮膘盡消，筋力怒張，日馳數百里不倦，飢渴不能困。作詩而

16　錢謙益：《牧齋有學集》卷一八《蕭伯玉春浮園集序》，《續修四庫全書》第 1391 冊第 163 頁，上海古籍出版社，1997 年版。

多蕪音累氣，皆由浮膘未盡耳。」**17**

這段話很形象地說明了「律細格老」對詩歌的重要性，可以減少詩歌的「繁音累氣」。又據其《日紀》載：

> 戴初士送《劉槎翁詩集》一，安成得《李忠文集》一，子高詩海內共推，然古廉妙境，亦非時賢所詣。正、嘉以來詩文，徒工形似，全乏性情，如趙昌寫生，非不美麗，但非真者耳。蓋嘆前哲為不可及也。**18**

可見，他論文主張真性情，正與「公安派」同趣。

第四節 ▶ 遺民詩人

一、南昌遺民詩人

陳弘緒（1597-1665），字士業，號石莊，新建人。陳道亨之子。性警敏，好學，家集書萬卷，兄弟友朋日夜講習。以任子薦授晉州守。時真定屬邑多殘破，閣臣劉宇亮出督師，欲移師入晉

---

17 蕭士瑋：《蕭齋日紀》「十九」條，《四庫禁毀書叢刊》集部，第 108 冊，第 635 頁。

18 蕭士瑋：《蕭齋日紀》「十月初一」條，《四庫禁毀書叢刊》集部，108 冊，635 頁。

州，坐拒不聽，被參緹騎逮問，士民哭闕下，頌其保城功，得釋。謫湖州經歷，署長興、孝豐二縣事，有惠政。尋為巡按劾罷，入清後屢薦不起，移居章江，輯《宋遺民錄》以見志。生平事蹟附見《明史》卷二百四十一《陳道亨傳》、清施閏章撰《學余堂文集》卷二十《故征君晉州知州陳公墓誌銘》等。有《石莊集》《恆山存稿》《周易備考》《詩經尚書義》《寒崖集》《鴻桷編》《峿齋詩》《荷鋤雜誌》《寒夜錄》《讀書跋》等數十種，《豫章叢書》錄其《寒夜錄》二卷、附《校勘記》一卷、《校勘續記》一卷（清魏元曠撰校勘記，清胡思敬撰續記，丁氏八千卷樓鈔本，民國五年刊，《叢書集成續編》第 213 冊影印）。其詩，《江西通志》錄一首。詩歌效法韓愈，以文為詩，瘦硬生新。如《達摩峰》：

　　東來西去歲時賒，錫杖遙沖洞口霞。一自踢翻蘭若壁，始知九載見空華。

山水詩卻重議論，時見佛典中語，如「錫杖」「蘭若」「空華」等，詩風瘦硬奇崛。又如《游洪崖》，詩云：

　　玉龍蜿蟺劈蒼石，漱雨搖風幾千尺。清冷蕩滌自古塵，轟飛忽見崩崖折。搗藥臼存仙已去，雪精藤笠知何處。幽草幽叢閱代深，白雲落落堆寒絮。峭壁古篆點畫疑，一字兩字捫且推。讀之不了踟躕立，刮削老苔留新詩。赤日墮山瞑煙重，吼泉勢撼孤亭動。節杖遙指翠微燈，蟲聲滿徑催清夢。

寫游洪崖所見景致，氣勢倒不小，只是語言有些生澀，詩風奇崛瘦硬。《東湖》云：

孺子祠前水，斜過吏隱亭。昔垂高士釣，今照酒人星。燈滿盂蘭社，魚依橋甕萍。幾番看競渡，虹影掛香軿。

游覽東湖的孺子亭與吏隱亭兩處名勝，間用僻典僻語，生澀瘦硬。而《江城懷古詩》六十首，堪稱遺民詩之佳作，不時流露出「白頭未遂丹砂願，煙霧蒼茫去荷鋤」之類的隱士情懷。此外，如《失題》云：

風雨千年痛哭聲，海天寥落聽韶韺。澄心堂內新詞好，衙壁淒涼愧眾伶。

更是表現了他的遺民情結，「借詠古以諷明臣入仕清廷者」[19]。類似的還有《李太虛席上觀女樂》二首等。

王猷定（1598？-1662？），字于一，別號軫石，南昌人。王時熙之子，貢生。崇禎末年，漫游至揚州，為愛國將領史可法徵為記室參軍，史待其如師長。曾為史可法撰寫迎立福王的檄文，情文傾動一時。弘光時，其姻親袁繼咸總督江西、湖廣、應天、

19　錢仲聯：《清詩紀事》第一冊，明遺民卷，江蘇古籍出版社，1987年版，第78頁。

安慶軍務，上疏推薦他，他謝絕袁的好意。入清後，絕意仕途，以詩文自娛。後流寓杭州昭慶僧舍，憂憤而死。身後一貧如洗，無資以殮。以詩、古文、詞自負，與侯方域齊名。明季，與杜濬俱以詩文名天下，世稱「于一于皇」。對客講論，每舉一事，原原本本，聽者心折。兼有筆札、喉舌之妙，書法亦擅名一時。生平事蹟見《江西通志》卷七十、《浙江通志》卷一百九十四等。有《四照堂集》，《豫章叢書》錄其《四照堂文集》十二卷、《詩集》四卷，《浙江通志》（《四庫全書》本）稱其「善古文，為人倜儻自豪，寓居西湖。為文郁勃，如殷雷未奮，又如崩崖壓樹，槎丫盤礡，旁枝得隙，突然干霄；或間露卑率語，然蒼骨老氣，終不可沒」。

其詩，《明詩綜》錄三首，《明詩紀事》錄十首，豫章叢書本《四照堂詩集》四卷錄二五七首，其中，五古三十首、七古九首、五律八十八首、七律六十九首、七絕六十一首。古詩發思古之情，具《離騷》之情調；近體以五律居多，哀婉動人。五古如《閏三月十九日闇衣招集螺舟北園二首》，借園林草木花鳥比興，抒發飄零不遇之感。其他五古詩，大抵如此，故陳田云「於一詩，騷情古意，跌宕蕭寥」[20]。七律如《送侯述鄴之秦二首》：

　　蒼蒼樹色滿西陲，古道咸陽舊雨吹。太華一节看日月，軍書十萬領熊羆。壯心未老關雲亂，孤劍長鳴隴水知。幾處

20　陳田：《明詩紀事》，第 3381 頁。

旌旗迷漢代，昆明應續少陵詩。

百戰關河一劍游，動人清淚極邊州。圖書盜賊歸何處，財賦兵車莽未休。鐵嶺塵飛三輔暗，瓦雲風動五陵秋。君行莫唱烏烏曲，咽盡銅川水不流。

送別詩不寫離情別意，卻別有懷抱，詩風沉鬱蒼涼。五律如《螺川早發》：

月落秋山曉，城頭鼓角停。長江流剩夢，孤棹撥殘星。露濕鷗衣白，天光雁字青。蒼茫回首望，海岳一孤亭。

寫江上早行所見景色，寓情於景，羈旅行役之愁見於言外，情調悲婉。又如《送香山游潁州》其二：

何者為長策，看人老一生。鼎湖愁入夢，清潁淚無聲。古道黃塵暗，炎天白髮行。秋風雖有約，惜別不勝情。

人生況味與依依惜別之情交織，感傷情調濃鬱。又如《返揚州喜晤孫無言》：

卻訝秋還在，蕭條滿目非。江山千騎暗，城郭一人歸。見子南冠淚，猶驚楚客衣。庭花何爛漫，寂寞伴伊威。

借山川景物，感事傷時，寄托故國之思，風格沉鬱悲涼，接

近杜甫的亂中之作。類似的詩歌，還有《皋城》《登燕子磯》等。獻定生當明季，身歷亂離，捲入明末遺民行列，行諸詩文，多故國之思與淒苦之聲，故陳田云「五律一體，尤哀咽動人」[21]。

　　徐世溥（1607-1658），字巨源，新建人。明諸生，徐良彥之子，熊明遇之女婿。幼隨父任，學殖日富，年十六補博士弟子員。時東鄉艾南英以時文奔走一世，聞世溥名，與約為兄弟。與侯方域並負文名，又與熊人霖、萬時華、陳弘緒號「江右四公子」。江南若陳子龍、姚希孟，里中若萬時華、康小范輩，無不以枓斗歸之。世溥才雄氣盛，一往自遂。兼工書法，戶外屨常滿，繼而屢困鎖闈。入清，匿影杜門，絕意進取。順治年間，溧陽陳名夏柄政，欲修徵辟故事，直指使者親式其閭。又作手書遣司理，持禮幣往山中致之，堅拒不納。司理去後，盜乘夜入室，索其禮幣，不知初未嘗受，盜不信，以火炙之，至死乃去[22]。生平事蹟見《四庫全書總目》卷二十四、《大清一統志》卷二百三十九等。有《榆溪集》《榆溪外集》《夏小正解》《韻蕞》《榆墩集選文詩》《榆溪詩抄》《東園類語詩話》，《四庫禁毀書叢刊》集部第一一九冊錄其《榆溪詩鈔》二卷。清王士禎撰《居易錄》（《四庫全書》本）卷十一稱：「士業（陳弘緒）之文暢，巨源之文潔。」陳弘緒撰《江城名跡》（《四庫全書》本）卷二「榆溪」

21　陳田：《明詩紀事》，第 3381 頁。

22　裘君弘：《西江詩話》卷十稱「順治戊戌，為盜所殺」，戊戌，即順治十五年。

條載：

> 古魏元君煉丹地，臨溪多榆故名……予友徐巨源徵君世
> 溥結廬其間，所署詩文因名《榆溪集》。巨源最愛江文通
> 《恨》《別》諸賦而尤醉心《韓嬰外傳》，以為嬰敘事淡蕩婉
> 勁，有司馬遷逸致，迴出西漢諸家，故其作《愛秋光賦》《東
> 湖漁者賦》，彷彿醴陵操觚。而他文抑揚吐氣，意在筆先，
> 有韓生之風焉。晚乃力摹昌黎，有酷肖者。詩則少陵沉鬱，
> 昌谷奇麗，時亦錯出見奇。山居日久，應酬諸文絕少。予嘗
> 語巨源祝詞始自虞伯生，其《壽兩尹先生序》雄偉，固足不
> 朽。

對世溥的詩文所作評述較具體、全面、準確。其詩，《江西
通志》錄五首，《明詩紀事》錄十三首。他的詩，時而奇麗，時
而瘦硬，時而沉鬱。尤其身遭亂離，憔悴枯槁，行諸筆墨，令人
難以卒讀。如《葛仙壇訪見明尊宿》：

> 幽居幾歲狎偷安，特為孤峰上葛壇。一臥煙蘿忘入徑，
> 長看雲石對憑欄。崖經野燒松鱗古，澗挾餘冰竹影寒。最愛
> 相逢無佛語，成蹊共在不言端。

寫幽居的心情與登葛仙壇所見景致，詩風瘦硬。《獨上新滕
王閣》云：

　　　　獨自登高眷故都，周回殘錦半模糊。新題欲賽蛟龍字，
舊跡疑翻蛺蝶圖。蘇圃只今煙蔓草，徐亭誰昔雨生芻。由來
名勝兼資福，得似君王此閣無。

　　寫登臨滕王閣所見所感，頌揚南昌名士徐孺子、蘇雲卿的高
潔品行，暗以自況，詩風沉鬱。《江上同蕭伯玉先生》云：

　　　　同傍漁舟問酒家，路侵殘草似春沙。經風霜葉迎人墮，
誤向鷗邊嘆落花。

　　與蕭士瑋同行於江上酬唱，寫景狀物，細膩生動，風格奇
麗。《畫桃源圖》再現世外桃源的境界，清新恬淡。《萬里長所
居》也是類似風格。又如《楚謠》其一：

　　　　不是商船莫上關，新河寫換客如山。武昌只索錢三貫，
雙槳單裝任往還。

　　一舟只載一人，不附他客，謂之單裝。詩以民謠的形式，暴
露權使徵商船稅這項政策的不合理。為反映現實之作，詩風清新
自然。
　　徐世溥身逢離亂，憔悴行吟所得，往往「豐神戍削，有疏竹

幽花之致。身遭亂離，憔悴哀吟，中有不堪卒讀者」[23]，如《春詞》：

　　不飲已如醉，蒙蒙況日斜。遠鐘殘夢後，酒氣似梅花。

　　未飲先醉，日暮西斜，沉醉夢中，遠鐘驚夢，已是酒氣如曛，其落魄、憔悴之狀如現。類似的還有《辛未春中逢晏山人彈陽關操》《初秋江上聞笛有懷同社諸子》《看晚稼值守齋上人經過卻寄香城諸師》等。

　　黎元寬（1597-1676），字左嚴，號博庵，南昌人。黎道照之子。崇禎元年（1628）進士，授工部主事，榷浙南關。歷兵部郎中、浙江提學僉事，以忤溫體仁罷歸。明亡，絕意仕進，構草廬於谷鹿州，與生徒講習周、秦以來古文之學。順治初，有薦之者，以母老固辭，年八十，以壽終。生平事蹟見《江西通志》卷七十、《大清一統志》卷二百三十九等。有《進賢堂稿》，《四庫禁毀書叢刊》集部第一四五、一四六冊錄其《進賢堂稿》二十八卷。其詩，《江西通志》錄二首，《江西詩徵》錄三首，《西江詩話》稱其有《進賢堂詩集》五十卷，今未見流傳。他的詩歌成就雖不及古文，但也頗有特色。如《杏花樓》：

　　杏花樓下泛香波，樓上看花淨綺羅。樹拂鞭絲妨馬路，

23　陳田：《明詩紀事》，第 3377 頁。

村沽斗酒聽鷓歌。千年蘇圃風流在，兩相平泉木石多。王謝烏衣能復起，歸來舊燕欲如何？

吟詠南昌名勝杏花樓，前半寫眼前的繁華熱鬧，後半連用三個典故，借歷史人物寫其人文薈萃的傳統。蘇圃風流和兩相[24]平泉，是讚頌隱逸之高潔與人文之薈萃。詩末，化用劉禹錫《烏衣巷》中「舊時王謝堂前燕，飛入尋常百姓家」之意，以反問收結，引人遐想。又如《開元觀》詩，裘君弘評曰：「此詩寄托深婉，近人懷古諸什皆不能及。」[25]《九奇峰寄釋匡云》云：

飄風應不到匡廬，臥起匡公走訊予。為問九峰峰頂上，可容倦客一騎驢？

以詩題贈，除表達問候之意外，還抒發了詩人客游他鄉而對旅居生活感到厭倦的情緒。騎驢，意為苦吟，繫用典故，以反問出之，可見出詩人於苦澀中保持樂觀的情懷，詩風俏皮活潑。《送僧歸廬山》云：

匡山秀色落重湖，一葉僧歸入畫圖。他日就師尋舊社，

24　杏花樓為張文端公故宅，在東湖之濱；劉文端公別墅也在湖上，二人曾為相，故云。

25　裘君弘：《西江詩話》卷十「黎元寬」條，《續修四庫全書》第 1699 冊，第 596 頁。

白蓮重放數枝無？

送別禪師歸廬山，不寫惜別之意，設想他日重逢，別具一格。白蓮社為東晉釋慧遠等人在廬山東林寺所創，以所植白蓮而得名。典故彷彿信手拈來，自然妥帖，詩風清新淡遠。黎元寬於明亡後絕意仕進，故可視之為遺民作家。但從所見的幾首詩來看，尚無遺民詩的感傷情調。

二、「易堂九子」中的部分詩人

嚴格說來，「寧都三魏」中的伯子魏祥（魏際瑞）不算遺民詩人（錢仲聯主編《清詩紀事》明遺民卷，即未列入），但因為他屬於「易堂九子」之一，故列入此節，特此說明。

魏際瑞（1620-1677），字善伯，號伯子，寧都人。為明末諸生，與弟魏禧、魏禮並稱「寧都三魏」。原名祥，字東房，後改名際瑞。入清，其弟禧、禮皆棄諸生不應試，唯際瑞支持門戶，獨應試不改。舉順治十七年（1660）歲貢，以所得修脯濟其弟之困。資敏捷，善強記，於兵、刑、農穀、禮制、律法，皆能窮析原委，遇難事剖決如流。家貧，游食四方，客幕於浙、閩、粵軍中。客潮鎮劉伯祿幕，禁旅圍潮久不下，主兵怒，約城下之日盡屠之，祥力言於劉，劉叩頭請之乃免。范中丞承謨撫浙，祥以舊交招入幕所，《施發善政》《蠲荒賑飢》諸疏，多祥所屬草。康熙十六年，滇逆將韓大任踞廬陵，贛當事議撫之，大任揚言「非魏善伯至，吾不信」，時祥館於總兵哲爾肯所，遂遣之。祥至家，其姊丘邦士婦泣勸毋往，朋友諸弟皆難之，祥太息曰：「此

鄉邦宗族所關也。吾不行，恐禍及；行而無成，吾身當之。」遂往，甫入營，官兵遽從東路急攻，大任疑其賣己，謂曰「先生來，將為賈林乎？抑效酈食其也？」祥無以應，猶以其雅度盛名，拘留之十月。大任變計走，降闖拔營之日，祥遂遇害[26]，年五十八。生平事蹟見《清史稿》卷四八四（列傳卷二百七十一）本傳、《江西通志》卷九十四等。有文集，《四庫禁毀書叢刊》集部第四冊錄其《魏伯子文集》十卷（《寧都三魏全集》八十四卷本，清道光二十五年寧都謝庭綏綵園書塾重刻本）。

　　魏際瑞其詩，有的反映民生多艱的黑暗、苦難現實，詩風沉鬱悲涼。如《猛虎行》：

　　　　夜宿螺石鋪，皂隸紛捉人。此鄉甲被虎，縣官大生嗔。四鄰不救護，縱虎而食人。四鄰叩頭答，小人身幸存。虎害甚於甲，大兒死樵采，兄弟死田畝。半夜發蘆壁，床內攫老母。小人學射之，天幸獲一虎。明日里正來，官府使問汝……又有寡母子，不肖被母笞。子縊母難罰，鄉里已代之。得命寧惜財，汝何不三思？

　　寫官府橫徵暴斂，里甲因為虎害卻反而增加了獵虎的賦稅，揭露了苛政猛於虎的黑暗現實，從構思到語言句式，都有仿照杜甫《石壕吏》的痕跡。又如《將軍行》，寫本來是剿賊的將軍卻

26　《江西通志》卷九十四「魏祥」條，文淵閣《四庫全書》本。

反而欺壓百姓，把百姓逼得賣兒賣女甚至賣七十歲老母的地步，詩風激越悲憤。類似風格的還有《恩官行》等，反映現實較有深度。

作為兄長，魏祥出於周濟和保護家族的目的而出仕新朝，與謀求一己之私利的出仕不同，所以既不影響人們對其人格的評價，也不影響他們兄弟之間的感情。有的詩歌反映詩人兄弟之間手足情深，寫得真摯感人。如《讀冰叔和公詩文有作》《讀易堂諸子詩寄懷兩弟》《秋山夜月有懷易堂諸君子》《庚子仲夏送季弟之廣》《知冰叔在揚州》《念及冰叔》《和公每信來輒多規益之語今久無信題此寄之》《送季弟》《清明日虔州卻寄兩弟》《寄冰叔和公》《登永平城晚眺有懷兩弟》《重登燕子磯同季弟和公》《和公吾廬落成題詩一首》等，俯拾皆是。

魏祥詩歌的風格多樣，除情韻婉轉者之外，還有豪氣奔放、富有氣勢者，如《秋風豪士歌》《冬獵篇》《海》《贈小李將軍》《觀獵》《五丁峽》《天門山》《采石磯》《金陵》《金山》等，詩如其人。茲舉一例，以見一斑，《秋風豪士歌》云：

秋風一夜秋空發，星斗無聲山欲桃。何人對此獨欣然，一嘯風前動眉發。古來豪士心不平，聲名為重身家輕。十年磨劍光芒動，萬里從軍意氣生。斗酒青天夜擊鐵，天涯大地同明月。丈夫得意死單于，安能榮辱分胡越？君不見趙有平原魏信陵，東西南北皆聞名。蛾眉俊骨盡樂事，豈論成城與傾城？

豪氣縱橫，是詩人內心情懷的一種表露。

魏禧（1624-1680），字冰叔，號叔子，一號勺庭，寧都人。與兄魏祥、弟魏禮並稱「寧都三魏」。明末棄諸生。順治四年（1647），棄科舉，從姐夫邱維屏學古文。隨父兆鳳結廬金精山翠微峰，與南昌彭士望、林時益、同邑李騰蛟、邱維屏、彭任、曾燦及兄祥伯子、弟禮季子共九人為「易堂學」。當時曾燦兄曾畹盛才名，號「二曾」，以籍寧夏不能參加。祥亦時出佐大帥戎幕，跡介出處之間。禧才學尤高，堂中人以竹林山王待之。八人皆岩處，躬耕以自食，束修砥行，讀書論古。名公卿聞其名，願見之，弗往，獨與沉淪窮約者游。其為文，日益有名於天下。江右自歐陽、鄒、魏，祖陽明，講性學；陳、艾依「復社」，工帖括，聲力氣焰，學者影從。易堂起，而以古文實學為歸，風氣為之一振，由禧為領袖之故。議者謂禧淹通史學、經學，其所未遑，禧亦自言不敢依附程、朱，謬為精微之論。康熙元年（1662）起，先後四次游歷大江南北，結交高士，最後到無錫時，得兄遇害噩耗，速歸，不復遠游。康熙十七年，詔舉博學鴻詞，禧在舉中，以疾辭，郡縣督趨就道，有病勉強行事，至南昌醫藥累月，稱病篤，放歸，卒，年五十七。生平事蹟見《大清一統志》卷二百五十六、《江南通志》卷一百七十二等。有《文集》二十三卷、《詩集》八卷、《左傳經世》若干卷，《四庫禁毀書叢刊》集部第四至五冊錄其《魏叔子文集》二十二卷、《魏叔子詩集》八卷（《寧都三魏全集》八十四卷本，清道光二十五年寧都謝庭綬緎園書塾重刻本）。

其詩，雖不及其古文有名，但有些詩也頗有特色。樂府詩

如：

　　七日五日阻北風，江頭白浪高於篷。中秋夜泊華陽鎮，
琵琶琥珀聲瑽瑽。月高雞啼天不曙，官舫吹金起擊鼓。不聞
江上人語聲，惟聞滿江動檣櫓。北風漸軟江水平，高帆一一
出前汀。估人利涉爭及時，何能熟寢待天明。披衣出艙我看
月，波黑天低光明滅。夢中每愛放江船，月落空江鳴鶗鴂。
（《早發華陽鎮》）

　　高郵城外水連天，高郵城下齊泊船。城裡有人持書至，
船上反側不成眠。舟子三更起理楫，送我獨上堤頭立。五尺
以外皆波瀾，僕夫趁月負我涉。蘆中老父起呼豨，問汝半夜
欲何為。逡巡借得牆外坐，泠泠風露沾我衣。身寒背倚濕蘆
葦，腹飢口嚼乾蓮子。西頭之月不肯落，東頭之日不肯起。
須臾人說開重門，短衣垢面揖黃君。（《揖黃君篇》）

　　裘君弘評曰「二首設色，景如畫中，清空一氣，又如話也，
竟是唐人樂府神境」[27]，頗有見地。繼承唐人樂府傳統的詩，還
有《賣薪行》《從征行》《入郭行》《出郭行》《孤女行》《孤兒》等，
比較廣泛地反映了明末社會的動蕩與百姓的苦難，詩風古直質
樸，沉鬱悲憤，體現了詩人強烈的社會責任感及「實學」精神。

27　裘君弘：《西江詩話》卷十，《續修四庫全書》第 1699 冊，第 603
　　頁。

　　七律非其所長，但時有佳作，如《宋牧仲使君留飲書齋即席有作》：

　　　　秋晚尋醫過贛江，使君遲我讀書堂。風吹北院清歌隔，雨灑東窗夜話長。蘭簿交新渾似故，橘盤坐久不聞香。最憐出語關民瘼，手把醇醪未忍嘗。

　　詩酒酬唱之際，仍不忘關心民瘼而「醇醪未忍嘗」，感情真摯，清新質樸。

　　表現其遺民情結的詩不少。如《弔楊廷麟墓》：

　　　　兩岸蓼花紅有淚，一江秋水澹無聲。孤魂最是難聽處，盡旦枝頭徹夜鳴。

　　以自然景物寄托楊廷麟的亡國哀思，借以明志。又如《登雨花台》：

　　　　生平四十老柴荊，此日麻鞋拜故京。誰使山河全破碎？可堪剪伐到園林。牛羊踐履多新草，冠帶雍容半公卿。歌泣不成天已暮，悲風日夜起江聲。

　　以故園荒涼、山河破碎、舊臣失節等寫故國之思，悲痛哀婉，一訴於詩，令人欷覷不已。

　　魏禮（1630-1695），字和公，號季子，寧都人。與兄祥、禧

齊名，稱「寧都三魏」。少於禧六齡，父命禧授之書，笞罵亦樂受，曰「叔兄愛吾也」。比弱冠，更刻苦自勵，學日進，兩兄儼然以畏友待之。既棄諸生，乃益事遠游，歷閩、廣，渡海達瓊崖，北抵燕京，返轍夷門，過洛陽，南浮漢沔，入秦關，涉伊水，經鳳滁道中，足跡幾遍天下。所至必交其賢豪，尋訪窮岩遺佚之士，嘗省故人於韓城，往觀砥柱三門，聞道人彭荊山居華山，絕嶮直上四十里，手鐵索、躡飛磴訪之。後歸鄉，教「易堂九子」之後輩。性慷慨，所得金施與，輒散盡。喬居翠薇峰之頂，榜曰「吾廬」，更以自號。年六十六卒[28]。生平事蹟見《清史稿》卷四八四、《江西通志》卷九十四、《明詩紀事》第六冊第三一九五頁等。有《魏季子詩文集》，《四庫禁毀書叢刊》集部第五至六冊錄其《魏季子文集》十六卷[29]。

其詩，清代宋犖撰《西陂類稿》卷四錄其《宋牧仲使君邀集城南精舍》，《明詩綜》錄一首，《明詩紀事》錄七首。詩歌多紀游寫景及反映社會黑暗、民生苦難之作，如《平西道中》寫官兵恣意抓捕百姓的現實，辭樸意深。《再到嶺南詩》反映嶺南冤獄眾多的黑暗現實，前人評曰：「季子五言古詩，辭樸而意深。彭躬庵論其《再到嶺南詩》一章，誦之慘怛，過於《舂陵行》，洵為知音。」[30]又如《海淀（李氏舊園）》：

28 《江西通志》卷九十四「魏禮」條，文淵閣《四庫全書》本。
29 《寧都三魏全集》八十四卷本，清道光二十五年（1845）寧都謝庭綏綏園書塾重刻本。
30 錢仲聯：《清詩紀事》引徐世昌《晚晴簃詩匯詩話》語，江蘇古籍出

但剩頹垣在，猶聞繞徑香。藕花知舊恨，菱葉滿橫塘。石落洞門閉，畦寬雲水長。紛紛歌舞日，種得此淒涼。

借舊園的荒涼寫故國哀思，沉痛哀婉，體現了遺民詩的特色。借紀游寫景抒發遺民情懷的，還有《嘉禾道上》《燕邸偶作》《舍舟行洞口岸》等，情寓景中。此類寫景述懷詩，有不少句子頗見錘煉之功，如錢林所說「和公詩若『高竹露初下，寒花香未分』，『孤雲秋正渺，雙雁遠相隨』，『落魄遠行客，風煙何處村』，『煙月虛遙夜，溪山帶早秋』，與唐人近，伯子、叔子不能及也。」[31]而《宋牧仲使君邀集城南精舍》云：

愛避繁華境，招提作勝游。高僧殊磊落，名士足風流。地僻難消暑，心閒易得秋。使君饒逸興，不減庾公樓。

寫城南佛寺的邀約，詠唱高僧、名士的磊落、風流，表達閒逸情致，學韓愈而有散文化傾向。

李騰蛟（1609-1668），字力負，號咸齋，寧都人。崇禎中諸生。先與臨川陳際泰、羅萬藻、寧化李世熊、同邑邱維屏為文會。後入翠微，與魏禧兄弟為易堂交，騰蛟最長，諸子皆兄事之。別居三巘峰，以經學教授，終其身不出，年六十卒。生平事

版社，1987 年版，第 837 頁。

31　陳田：《明詩紀事》，第 3195 頁。

蹟見《江西通志》卷九十四、《江西詩徵》卷六十四。有《周易剩言》,《豫章叢書》錄其《半廬文稿》二卷、《詩稿》一卷(寧都李氏家藏稿本,民國八年刊,《叢書集成續編》第一五二冊影印)。其詩,《江西詩徵》錄一首,《清詩紀事初編》錄五首,《清詩紀事》錄四首。《惜春辭十五首》,茲錄一首,可見一斑:

> 梨園弟子特欺滿,不扮新官扮舊官。任汝啼來任汝笑,逢場莫作等閒看。

詩題與詩歌乍看無甚關聯,「惜春」似為比興寄托。借梨園弟子裝扮舊官之戲,實則寫伶人的故國之思,而詩人又藉伶人寄托自身的懷抱,故云「莫作等閒看」。《金精山》:

> 項羽弑義帝,衡山固首戎。神仙自忠孝,豈為悅己容?虞歌盡垓下,戚舞歸廁中。此女獨不嫁,魂魄為雌雄。至今祀金精,直與黃石同。

以山為描寫對象卻不側重寫景,而是側重議論。「項羽弑義帝」「虞歌盡垓下」均有所指,頗有深意。

另外,反映現實的詩如《從軍行》,寫一個年輕農民在朝廷沒有徵兵的情況下,不顧父兄的阻攔,主動上戰場,結果拋屍曠野,反映了「屠毒遍鄉邑」「原野骨縱橫」的慘痛現狀。鄧之誠《清詩紀事初編》云:「李騰蛟⋯⋯詩不多,不標榜家數,而有精悍之色。」所言不無道理。

　　彭士望（1610-1683），本姓危，字達生，號躬庵[32]，又號晦農。南昌人。少有儁才，受其父彭晢影響，頗重名節。及長，好談經濟，慕漳浦黃道周為人，裹糧走謁。及道周繫獄，為之傾身營救。南明福王弘光元年（1645），參揚州史可法幕，辭歸。唐王隆武（1645-1646）時，曾官湖東道，後轉湖西道。兵敗，徙家寧都，與魏禧輩讀書金精山之易堂，為「易堂九子」之一。諸人各以名節、詩文相砥礪，士望尤重躬行，務實學。四十年間常出游，亦有意結交偉人豪傑，以恢復天下為志。鄧之誠言：「其詩所謂『六十過頭猶奔走，半為衣食半交友』。交友誠有之，衣食為托辭。」[33]後齎志以沒，年七十四。生平事蹟見《恥躬堂文集》所附陸麟書所作傳、《清史列傳》卷六六等。

　　士望善詩、古文辭，有《恥躬堂詩集》《恥躬堂文集》《春秋五傳》等，《四庫禁毀書叢刊》集部第五十二冊錄其《恥躬堂文鈔》十卷、《詩鈔》六卷（影印山東省圖書館藏清咸豐二年刻本）。其《自序》云：「得自所為文三百六十五篇，詩三十卷，手評司馬光《資治通鑑》，自周秦訖五代二百九十四卷，《春秋五傳》四十一卷，僅此而已。」[34]

　　其詩，《明詩綜》錄三首，《明詩紀事》錄十一首，《清詩紀

32　據《江西通志》，「莽」乃「庵」的古字。《明詩紀事》等均作「字躬庵」。

33　《清詩紀事初編》卷二「彭士望」條，上海古籍出版社，1984年版，第210頁。

34　彭士望：《〈躬恥堂文鈔〉自敘》，《四庫禁毀書叢刊》集部第五十二冊，第4頁。

事初編》錄六首，《清詩紀事》錄六首。詩以紀錄其生平交游為主。其「詩文不依傍門戶，勿假涂澤而意無不盡。自序其詩，謂即年譜交譜游譜，故事無不具，幾於字字皆史。《感舊詩》一千七百余言，述師友知戚二百餘人，終於牖下者三十七人，餘皆慘死。梁以樟稱為甲、乙（即甲申、乙酉）以後第一篇詩史。蓋驚心動魄，自昔所無矣」[35]。其五古《冬心詩》三十首，為明心見志之作，分析喪亂之由，「可以觀其識解」[36]，「愷切沉痛，皆中當時之癥結，徒以時局大壞，雖豪傑有志之士，拮據赴難，無裨毫末」[37]。其七律或沉鬱，或兀傲，皆有餘味，有一唱三嘆之妙，如《同祝仲立瀟湘泛月》：

　　　　十載江湖秋夢多，月明誰共話煙波。憂來只與青山近，老去其如白髮多。芳草同舟公子思，落花空谷美人歌。紛紛木葉辭前諸，獨有西風戀黍禾。

　　舉家國之思、身世之感融入一片月色之中，含不盡之思，神餘言外[38]。徐世昌《晚晴簃詩匯詩話》引梅伯言之語云：「詩兀傲有似山谷者，激烈之氣則近放翁。」[39]

35　鄧之誠：《清詩紀事初編》卷二「彭士望」條，第 210 頁。
36　鄧之誠：《清詩紀事初編》卷二「彭士望」條，第 210 頁。
37　陳田：《明詩紀事》，第 3208 頁。
38　傅璇琮：《中國詩學大辭典》「彭士望」條（王學泰語），浙江教育出版社，1999 年版，第 573 頁。
39　錢仲聯：《清詩紀事》第一冊，第 268 頁。

　　朱議霶（即林時益）（1618-1678），字確齋，明寧王裔孫，授奉國中尉。初名議霶，字作霖，與彭士望為友，居南昌。工書，通禪理，後改姓名，結盧寧都之冠石峰，傭田而耕。康熙七年，詔明故宗室子孫眾多竄伏山林者，歸還田盧，姓氏皆復其舊。而時益寄籍寧都久，弗樂歸，寧都人亦習呼之曰「林確齋」。工書，喜為詩，晚又好禪，以疾故未嘗一他適，頹然耆龐，見者目為老農、老僧，如是三十年卒。生平事蹟見《江西通志》卷七十、《江西詩徵》卷六十四。有《冠石集》，《豫章叢書》錄其《朱中尉詩集》五卷、附錄一卷，附《校勘記》一卷、《校勘續記》一卷。[40]

　　其詩，《江西詩徵》錄一首，《明詩紀事》錄二首，《清詩紀事初編》錄四首，《清詩紀事》錄一首。詩歌反映鄉野隱居的生活，詩風沉著朗暢，時露淡淡的故國之思。如《冠石峰》：

　　　　城西之石峰嶙峋，冠石之冠古制存。初以力耕久為客，時因避亂還成村。窗間無數桂花葉，屋裡一株桃樹根。山口竹林響清晝，遠林歸盡茶人。

　　寫山間的景色和鋤地種茶的活動，從「久為客」「避亂」等字眼可窺見其故國之思。又如《自寧都城陟峴》：

40　清魏元曠撰校勘記，清胡思敬撰續記，寧都李氏家藏原稿本，民國四年刊，《叢書集成續編》第 171 冊影印。

迢遞出城郭，霜煙聞暮鐘。人行古細路，屋在此高峰。煮粥呼寒女，歌詩對小童。不須疑外物，已有白雲封。

　　寫山居的環境和兒女繞膝的親情，最後表達不必懷疑自己有利欲功名之心，對隱逸生活早就習慣了。斷絕功利之念而甘心隱逸，正是詩人遺民情懷的體現。再如《下橋》：

　　侵晨懷刺出西關，每到長橋意自閒。兩岸人家齊種樹，一溪流水曲依山。下船春米先冬辦，傍屋犁田入夜還。直欲此間成小築，憂時復恐徙家難。

　　隱逸生活之樂溢於言表，只是從「憂時」一語中才透露感傷氣息。魏禧稱：

　　中尉酒後亦往往悲歌慷慨，見精悍之色。近十餘年益隱晦，務摧剛為柔，簡樸退讓，使終身無所求取於人，無怨惡於世，雖子弟行以橫非相干者，勿與較也。晚又好禪，嘗素食，持經咒，尤嚴殺生戒⋯⋯詩於杜為別出，人咸推服之。[41]

41　魏禧：《朱中尉傳》，《叢書集成續編》第 171 冊，台灣新文豐出版公司，1989 年版，第 603 頁。

從中不難看出，詩風的形成與詩人的生活經歷及性格有著密切的關係。

三、星子「髻山學派」詩人宋惕

宋惕（1613-1668），一作宋佚，初名之盛，字未有，星子人。崇禎十二年（1639）舉人。為明季江西三學派之一的「髻山學派」的盟主。其學以明道為宗，以識仁為要。晚讀胡敬齋《居業錄》，持敬之功益密。與同裡吳一聖、余晫、查世球、查轍、夏偉及門人周祥發稱「髻山七隱」。生平事蹟見《清史稿》卷四八〇附《謝文洊傳》後、《髻山文鈔》卷末胡思敬跋文等。

有《求仁篇》《山間語錄》《程山問辨》《喪禮訂誤》，多不傳，僅存《髻山文鈔》二卷。

其詩，《遺民詩》卷十「宋佚」條錄三首，《江西詩徵》錄一首。詩歌多抒情寫意之作，涵詠性情而自得。如《送茅與唐入宜興山制秋岕》：

　　孤客峒山去，山中秋樹蒼。雲深沾袖冷，煙暖焙茶香。
處處供雞黍，村村熟稻粱。此行餘有待，未及共相將。

送別詩不寫眼前的惜別，而著眼於將來的聚首，對未來探訪友人充滿期待，格調輕快朗暢，較為別緻。又如《答友》：

　　世風輕薄甚，所重有黃金。古道誰相許，與君結此心。
書傳邊塞少，情共棧雲深。萬里孤蹤客，懷人費苦吟。

慨嘆世風日下、人心不古，於針砭現實的同時抒發懷人的情致，感情真摯，對照鮮明。再如《山中夕照》：

> 林壑有餘色，夕陽猶在山。浮雲休亂起，還讓照人間。

寫夕陽在山的絢麗色彩，餘暉灑落在林中，特別壯觀，但浮雲漸起，讓人產生留戀與隱憂之情。於自然景物的描摹中別喻哲思，但不免道學氣。倒是他的《弔淦君鼎闔門殉節》一詩，寫得慷慨淋漓，充分表現了詩人對高尚節操的讚賞之情：

> 孤身孤月贛城頭，任作南冠只自由。氣引百鈞爭一發，官無九品重千秋。劍懷過似豐城拂，冰性肯依章貢流。欲賦招魂招未得，湘江風雨思悠悠。

四、南豐「程山學派」詩人謝文洊

謝文洊（1616-1682），字秋水，號約齋，晚又號顧庵，建昌府南豐人。明諸生。年二十餘，隨父築學舍於廣昌香山，閱佛書，學禪。後讀龍溪王氏書，遂與友講陽明之學。年四十，會講於新城神童峰，讀羅欽順《困知記》，遂專注於程、朱理學。闢程山學舍於城西，名尊洛堂（意在尊崇程頤、程顥的「洛學」，二程都是洛陽人），講學於此，故世稱程山先生。著《大學中庸切己錄》，發明張子主敬之旨。認為為學之本，在於「畏天命」「至誠」，學者當以此為心法。其《程山十則》，以躬行實踐為主。時寧都「易堂九子」，節行文章為海內所重，「髻山七子」，

亦以節概名，而文洊獨反已闇修，務求自得。與易堂諸子倡明理學，世稱名儒。為易堂、髻山所推重，謂其篤躬行，識道本。與星子髻山七隱、寧都易堂九子並稱「江右三山」[42]。康熙二十一年（1682）卒，年六十七。卒後，弟子私諡明學。生平事蹟見《程山謝明學先生年譜》（謝鳴謙編）和《清史稿》卷四八〇等。著述有《讀易緒言》《大臣法則》《程門主敬錄》《養正篇》《初學先言》《謝程山集》十八卷，《四庫全書存目叢書》集部第二〇九冊錄其《謝程山集》十八卷、首一卷、附錄三卷、年譜一卷。《四庫全書總目》卷一百八十一「謝程山集十八卷」條云：

> 是集初只《日錄》三卷、《講易義》三卷、書三卷，乃其門人甘京、黃采所編。乾隆乙丑，文洊亥孫鳴謙又收合雜文遺稿，與新城涂登、陳道編為此本。甘京《序》稱，其早習舉子業，為諸生……將卒，自作《墓誌》曰：《大學中庸切己錄》凡八九易稿始定，竊欲折衷先儒，期足以啟發來學，自訂所體驗者《日錄》三卷。易堂諸友節行文章為海內所重，某不自量，亦欲學其詩文，才短終不能就，而已學亦遂旁洩云云。蓋文洊生平以講學為主，文章則其餘事耳。[43]

42　曾燠：《江西詩徵》卷六十八「謝文洊」條，《續修四庫全書》第1688冊，第464頁。

43　《四庫全書總目提要》，第4913-4914頁。

謝文洊其詩，卓爾堪輯《遺民詩》（卷四）錄一首，《江西詩徵》錄三首。詩歌偏重議論，大抵多言志述懷之作，反映了詩人的生存狀況及情懷志趣，詩風或質樸自然，或沉鬱悲涼。如《孤坐三章贈別友人》其二：

> 感慨濂洛道，久已成榛蕪。況乃值顛沛，人跡驚險途。吾子何獨醒，寸心不畏孤。微言慎剖析，炯炯未容誣。天地不終秘，啟鑰歸大儒。願子秣名駒，予敢不鞭駑？

贈別詩不言惜別，卻談論理學修行的感悟，體現了理學家之詩的特色。感慨顛沛流離之際濂洛之學衰落，與友人相互鞭策，表示要以振起濂洛之學為己任。時見比興手法以言志，雖多議論，但詩風質樸自然。又如《元日夜坐》：

> 生年四十餘，所閱亦已悉。險夷並冷暖，況味殊不一。默思少壯時，自許頗挺出。忽忽遂至今，回首難自詰。忍視黎元陷，憂患比同室。終抱懦夫慚，未能棄一擲。四壁徒爾空，瑣瑣何嗟及。濩落寄荒園，飢寒守舊帙。竹柏共嚴枯，飄蕭猶莫色。愁至上西樓，搔首汀煙白。

人到中年，回顧自己的人生歷程，頗多自責。自許少壯時的「挺出」，自慚如今的懦弱，面對黎元陷於水火、滿目瘡痍的社會現實，憂患與愁緒滿懷。語言質樸，風格沉鬱悲涼。又如《除夕得冠石諸友書因懷躬庵遠游》，對同道諸友「倍憔悴」「抱苦心」

「耿耿懷大義」而大加讚許，並以「不成寐」、折梅相寄表達思
念之情，感情真摯，風格沉鬱悲壯。

第五節 ▶ 明末詞人

一、曾燦

　　曾燦（1625-1688），原名傳燦，字青藜，寧都人。曾應遴之
子。與兄傳燈並工詞章，喜然諾。方明季多故，燦兄弟思以功業
自見，折節下士，一洗貴介浮華之習，士論翕然歸附。順治二
年，楊廷麟竭力保吉、贛，應遴計閩地山澤間有眾十萬，俾往撫
之。燦既行，而應遴病卒，贛亦破，乃解散去。燦後剃髮為僧，
遨游閩、浙、廣之東西。龔太常鼎孳，應遴舊同榜，愛其兄弟特
甚，勸燦就功名，弗應。大母陳母溫念燦成疾，乃始歸家謁省，
以大母命受室，築六松草堂，躬耕不出者數年。燦自幼有詩名，
選海內名家詩二十卷，號《過日集》；僑居吳下二十餘年，著有
《西崦草堂詩》。復客游燕市以卒。另有《止山集》，《明詩紀事》
錄其詩十一首；生平事蹟見《江西通志》卷九十四、《明詩紀事》
第六冊第三四七六頁。詞有《六松堂詩餘》，《全明詞》錄其詞
八十六首。其詞多嘆春惜春、贈答送行、羈旅行役、憶舊感懷之
作，風格或婉約或清雋。詠嘆春景的，如《浣溪沙》組詞十首，
其十云：

　　　　春事關心日日長，東風深透燕泥香。可憐春去惜紅妝。

遙憶去時春正好，今朝春曉破池塘。相將心事逐瀟湘。

把少女惜春與懷春之情結合起來寫，綿邈不盡，婉約動人。
又如其二云：

　　　　簾外潺潺春雨飛，飛紅無計奈流離。闌珊情意與誰知。
動是相思千里隔，伯勞燕子自東西。依稀魂夢覺來時。

上片寫春雨潺潺，飛紅無數，惜春情切；下片寫勞燕分飛，
相隔千里，魂牽夢繞，相思無極。美人遲暮之感見於言外，耐人
尋味。類似風格的詞還有《風中柳》（人靜更闌）、《風入松》（一
朝風雨送殘春）、《南鄉子》（春病正懨懨）、《蝶戀花》十首等。
　　贈答送行之作如《意難忘・答家林一》《摸魚兒・贈別宋稗
恭》《滿江紅》（欲見何期）《滿江紅・贈潮州林武林太守》《離
別難》（渺渺十里雲山）《少年游・送丁勖庵回金陵四首》《賀新
郎・冬日送顧梁汾北上》等，則寫得情真意切，語言平白如話。
羈旅行役之詞如《意難忘・晚泊》《虞美人・曉起望羅浮》《水
調歌頭・次興化縣》《漁家傲・將次繁川阻風》《青玉案・過藍
關》等，憶舊感懷詞如《摸魚兒・集仙堂感舊》《瑞龍吟・端陽
感懷》《山亭柳・有懷》等，大抵清雋自如。

二、萬時華

　　萬時華的生平事蹟及著述見於本章第二節。著有《溉園
集》，惜陰堂裁為《溉園詩餘》，《全明詞》錄其詞十一首。題材

內容多寫春景春愁，情緒感傷，風格婉麗。如《畫堂春‧春曉》《憶秦娥‧春夜》《清平樂‧落花》《柳梢青‧春思》《桃源憶故人‧春晚》《醉花陰‧春閨》《清商怨‧閨恨》等，均以春景或春時作題目，點明主旨，寫傷春意緒；或男子作閨音，寫盡兒女情態。即便是以「別況」為題的《玉樓春》，以「江上」為題的《清平樂》，也都離不開「紅亭尊酒春三月」「春江暮矣」等春景，春愁也大抵相似。茲舉一例以見一斑：

> 底事堪傷。花肥人瘦，夢短情長。芍藥開時，杜鵑啼後，無限思量。春心狼藉垂楊。春歸處、鶯愁燕忙。片片相思，又隨蝴蝶，飛度危牆。（《柳梢青‧春思》）

上片寫相思之情，以「花肥」反襯「人瘦」，以「夢短」反襯「情長」，新穎別緻；下片寫暮春時節，柳絮翻飛，鶯燕生愁，相思之情隨蝴蝶、柳絮一道飛越高牆，去到遠方。以柳絮為媒介，以鶯燕與蝴蝶作烘托，寫盡相思之意，細膩傳神。

第六節 ▶ 明代江西詩社

明代文人結社盛行，據何宗美《文人結社與明代文學演進》一書，明代一朝文人結有多達六百八十個社團。但是，這些社團絕大多數都是文社，因明代科舉不考詩歌，明代的詩社反而出現了衰退的趨勢。這種結社的總體情況也影響到了江西的文人結社，活動於明代的江西文人社團也是以文社居多，據艾南英《天

備子集》及陳際泰《太乙山房集》兩書統計，江西的文社即有十一個之多，諸如豫章大社、豫章九子社、新城大社、偶社、合社、芳社、平遠堂社、瀛社等等。江西在明代一朝詩社也不多，據何宗美《文人結社與明代文學演進》一書，明代的江西詩社不過才十來個。活動於明代初期的詩社有莊溪十老會、黎擴真率會、陳文義十老會；活動於明代中期的詩社有金精吟社、鄧植真率會；活動於明代晚期的詩社有東山社、彭銘詩社、南州詩社、龍光社、朱統鉎詩社。這些詩社基本活動於今江西吉安、撫州及南昌地區，只有金精吟社活動於今江西寧都，參徐階《世經堂集》卷十一《金精吟社集序》：「寧都金精山，舊有集作於邑人曾蒼山、黎月潭，而訂正於董文僖、胡諫議，凡談金精之勝者宗之。其後三十年，諸公相繼淪沒，詩亦散亡，考文征獻之士往往致惜，然未有為之繼者，繼之自今謝懶夫輩始。懶夫輩之言曰：『吾屬幸而生治平之朝，無飢饉流亡之苦，又幸而能文辭，而又幸而密邇。夫金精之勝，不有賦詠，則何以振昔人之遐軌，倡後學而教之文也。』於是結為吟社，月必有會，會必有作，其詩遂傳，人亦借以償舊集散亡之感，諸君子於茲，良可謂苦心矣……」[44]

一、吉安詩社群

　　吉安詩社群主要包括莊溪十老會、東山社、彭銘詩社等幾個

44　徐階：《世經堂集》卷十一，《四庫全書存目叢書》集部第 79 冊。

詩社，其中莊溪十老會為怡老社團，東山社、彭銘詩社為一般的文學性詩社。這幾個詩社皆為吉安籍詩人所結，詩社規模都不是很大。

莊溪十老會

解縉《文毅集》卷七《吉文水西十老宴集詩序》：

> 蕭侍御、楊忠襄文節之里，至本朝之初，有十老者，道存先生為之倡和，而隨之者蕭之良，曰與善、樂善，楊氏則思忠、思文、道濟、廷璋、彥璋、彥敬，劉氏子通，合而命之曰「莊溪十老」。相與月為一會，會必飲，飲必賦詩，循環然，亦時有嘉客若歐陽師尹、孫廷望、廷璧、家季父元祿。雞魚蔬筍，取具隨時，而文字之歡樂，近所未有也……**45**

彭銘詩社

《吉安府志》卷三二：

> 彭銘，字燕然，廬陵人，諸生。少負奇氣，博學強記，工詩古文詞，與劉同升、馬猶龍、金光弼等為詩社，年未三十卒。詩文多散逸，守道施閭章搜得遺篇，與猶龍稿並梓行

45　解縉：《文毅集》卷七，文淵閣《四庫全書》本。

世。[46]

東山社

《吉安府志》卷三二：

> 王必彰，字思常，安福人。七齡能屬文，逾年為諸生，受學於王時槐。父性嚴毅，備極孝養。晚年一意問學，與鄒德溥等結社東山下。[47]

二、撫州詩社群

撫州詩社群主要包括黎擴真率會、陳文義十老會、鄧植真率會等幾個詩社，這幾個社團皆為怡老社團，其中黎擴真率會活動於今撫州臨川，而陳文義十老會、鄧植真率會活動於今撫州黎川。這幾個社團也全都是由撫州籍仕人所結，規模也並不是很大。

黎擴真率會

《臨川縣志》卷二二《人物志‧文苑》：

> 黎擴，字大量，正統初由賢良舉，歷任蘇州府學教授。學士錢溥稱其文可造曾、王門戶。擴有鑑識，嘗曰：「吾門

---

46 《吉安府志》卷三二，光緒二年刻本，第 23 頁。
47 《吉安府志》卷三二，光緒二年刻本，第 14 頁。

第四編‧明代江西詩詞

下造就多，惟吳寬之文當魁天下。」卒如其言。致仕家居，
與鄉老七人為真率會，自號雅齋，所著曰《鶴鳴稿》。[48]

陳文義十老會

《江西新城縣志》卷十：

　　陳文義，字靜庵，南坊人。寡言慎行，敦樸好禮，治家
嚴肅，鄉人稱為廉靜翁。晚年服古衣冠，與邑人許郁文、涂
應如、謙如、黃昌民、涂維，陳允良、劉碧、湯成浩結十老
會，以詩酒相娛樂。邑令呂贊、郡守謝士元皆待以賓禮，贈
以詩。年八十三卒。[49]

鄧植真率會

《江西新城縣志》卷十：

　　鄧植，字宜春……與李綸等數人為真率會。論者謂其以
才用於世，當無任費效，顧隱晦以終，惜之。子元錫舉鄉
試。[50]

48　《臨川縣志》卷二二《人物志·文苑》，道光三年刻本，第 15 頁。
49　《江西新城縣志》卷十，同治十年刻本，第 2 頁。
50　《江西新城縣志》卷十，同治十年刻本，第 4 頁。

三、南昌詩社群

南昌詩社群主要包括南州詩社、龍光詩社、朱統鉼詩社等幾個詩社，皆為文學性的社團。其中南州詩社活動於新建，而龍光詩社、朱統鉼詩社皆活動於南昌市。南州詩社、朱統鉼詩社可能皆為本地人所結，而龍光詩社參與者則有江西宜春、瑞昌、石城、建安等地的人員。

南州詩社

《南昌府志》卷六一：

> 喻成憲，字匠心，新建人，庠生。工文詞，游臨川陳際泰門，與同里熊人霖、萬時華、李奇輩為南州詩社，名益振。崇禎末移居西山，讀書教子，以終其身。[51]

龍光詩社

朱彝尊《靜志居詩話》卷一：

> 朱多（火黑），字知白。寧惠王第四子，石城恭靖王奠堵之玄孫。南昌郭外有龍光寺。萬曆乙卯二月，豫章詩人結社於斯。宗子與者十人，知白之外，則宜春王孫謀（童刀）文翰，瑞昌王孫謀雅彥叔，石城王孫謀瑋郁儀、謀圭禹錫、謀𪫭誠父、謀𡎴藩甫、謀𡏖辟疆，建安王孫謀轂更生、謀𡎐

禹卿、謀（童刀）緝其詩曰《龍光社草》。郡人都察院右都
御史掌工部尚書事徐作汝念，刑部主事張壽朋沖穌序之。[52]

朱統鉒詩社

朱統鉒《滕王閣留別同社》：

> 春風吹雁去南天，又促孤縱遠入燕。高閣喜從名士飲，
> 輕裝仍附賈人船。江花伴我程千里，雲樹添君賦幾篇。只有
> 詩情元不隔，相思能到彩毫邊。[53]

朱統鉒，新建人，字夢得，初名實符，崇禎甲戌進士。官行
人。

參考文獻

1. 陳田：《明詩紀事》，上海古籍出版社，1993 年版。
2. 《叢書集成續編》，台灣新文豐出版公司，1989 年版。
3. 鄧之誠：《清詩紀事初編》，上海古籍出版社，1984 年版。
4. 黃宗羲：《明儒學案》，中華書局，1985 年版。

52 朱彝尊：《靜志居詩話》，人民文學出版社，2006 年版，第 19 頁。
53 參陳田《明詩紀事》甲簽卷二下。

5. 《明史》，中華書局，1974 年版。

6. 裘君弘：《西江詩話》卷七，《續修四庫全書》第 1699 冊，上海古籍出版社，1997 年版。

7. 錢謙益：《列朝詩集小傳》，上海古籍出版社，1983 年版。

8. 錢仲聯：《清詩紀事》，江蘇古籍出版社，1987 年版。

9. 饒宗頤初纂，張璋總纂：《全明詞》，中華書局，2004 年版。

10.宋佩韋：《明文學史》，上海商務印書館，民國二十三年版。

11.《四庫全書總目提要》，河北人民出版社，2000 年版。

12.《四庫禁毀書叢刊》，北京出版社，1997 年版。

13.沈德潛、周准編：《明詩別裁集》，上海古籍出版社，1979 年版。

14.王昶輯，王兆鵬校：《明詞綜》，遼寧教育出版社，1997 年版。

15.《續修四庫全書》，上海古籍出版社，1997 年版。

16.王夫之：《清詩話》，上海古籍出版社，1978 年版。

17.朱彝尊輯：《明詩綜》，中華書局，2007 年版。

18.周駿富：《明代傳記叢刊》，台灣明文書局，1991 年版。

江西文庫 A0701B07

贛文化通典（詩詞卷）　第三冊

主　　編　鄭克強

版權策畫　李　鋒

責任編輯　林以邠

發 行 人　陳滿銘

總 經 理　梁錦興

總 編 輯　陳滿銘

副總編輯　張晏瑞

編 輯 所　萬卷樓圖書股份有限公司

排　　版　菩薩蠻數位文化有限公司

印　　刷　維中科技有限公司

封面設計　菩薩蠻數位文化有限公司

出　　版　昌明文化有限公司

桃園市龜山區中原街 32 號

電話 (02)23216565

發　　行　萬卷樓圖書股份有限公司

臺北市羅斯福路二段 41 號 6 樓之 3

電話 (02)23216565

傳真 (02)23218698

電郵 SERVICE@WANJUAN.COM.TW

大陸經銷　廈門外圖臺灣書店有限公司

　電郵 JKB188@188.COM

ISBN 978-986-496-342-3

2018 年 1 月初版

定價：新臺幣 320 元

如何購買本書：

1. 轉帳購書，請透過以下帳戶

　　合作金庫銀行　古亭分行

　　戶名：萬卷樓圖書股份有限公司

　　帳號：0877717092596

2. 網路購書，請透過萬卷樓網站

　　網址　WWW.WANJUAN.COM.TW

大量購書，請直接聯繫我們，將有專人為您

服務。客服：(02)23216565 分機 610

如有缺頁、破損或裝訂錯誤，請寄回更換

國家圖書館出版品預行編目資料

贛文化通典. 詩詞卷 / 鄭克強主編.-- 初版.
-- 桃園市：昌明文化出版；臺北市：萬卷
樓發行, 2018.01

　冊；　公分

ISBN 978-986-496-342-3 (第三冊：平裝).--

1.詩詞 2.文學評論 3.江西省

672.408　　　　　　　　　　107002004

本著作物經廈門墨客知識產權代理有限公司代理，由江西人民出版社授權萬卷樓圖書
股份有限公司出版、發行中文繁體字版版權。

本書為臺灣師範大學國文學系產學合作成果。　　　校對：戴志恩